ステルス・ドラゴンの正体

——習近平、世界制覇の野望

宮崎正弘

ワニブックス

はじめに――台湾と日本を襲う「見えない敗戦」

習近平独裁の中国による台湾侵攻がカウントダウンされるようになった。西側社会、とくに日本にとって気づかなかった中国の真実が明らかになってきた。ステルス・ドラゴン（潜龍＝中国共産党中枢）が画策《かくさく》する洗脳工作、「認知戦（Cognitive Warfare）」の毒牙に日本や台湾もやられていることである。二〇二四年一月に予定されている台湾総統選挙がその試金石となるが、親中派と目される国民党の候補者が勝つ可能性が高くなって台湾政界を揺るがしているのだ。

二〇二三年の四月上旬、蔡英文《さいえいぶん》総統の四年ぶり訪米とその直前に行われた馬英九《ばえいきゅう》前総統の訪中は、米中の狭間で揺れる台湾の苦境を表して余りある。

なぜか。ついこの前までは、習近平政権の香港弾圧を目撃し、目覚めた台湾国民は、中国との統一を断固拒否する。中国の見え透いた甘言《かんげん》などに引っかかるはずもない、と言われていた。だからこそ民主主義の防波堤として中国と戦う台湾を、日本とアメリカは支援し、中華帝国主義の無謀な試みを諦めさせようと努力してきた。

ところが、その潮目が変わった。

大きく二つの理由がある。

一つは、日本とアメリカの煮え切らない態度である。日米が本気で台湾侵攻を許さないというのなら、中国の猛反発をしりぞけたうえで、まずは台湾を国家承認する必要がある。それどころか日本は、アメリカが台湾の安全保障まで規定した「台湾関係法」に類似する法さえない。つまり、アジア版NATOのような集団安全保障システムの保障がない台湾は、強大な中国の軍事力を正面に実質的に〝孤立〟しているのだ。


もう一つはウクライナの惨状である。戦争の泥沼化は台湾国民をして見たくない現実を突きつけられた。「ウクライナ戦争」はロシアとウクライナの戦いではなく、米英vs.ロシアの代理戦争であること。ロシアを支援する国々の筆頭が中国だ。欧米諸国の結束は一枚岩ではなく、各国の思惑とともに〝支援〟には温度差があること。これでは台湾国民の厭戦気分が高まるのも無理はないだろう。

ただでさえ政治家に親中派が少なくないうえ、中国のスパイがマスコミや軍部中枢にまで入り込んでいる。ウクライナのようになるくらいなら、もとは同胞である大陸の支配下に甘んじたほうが幾分ましではないか。一部の台湾における親中派がそう考えたとしても、それは彼らの判断である。非難することはできない。

だが台湾が戦わずして中国に呑み込まれれば、ドミノ倒しで日本もその手に落ちる。いかんせん、台湾以上に親中派政治家が多く、中国ビジネスに恋々とする経営者、逃げることが自由だとはき違えている国民がたむろするこの国のことである。国内メディアなど中国の代理兵のごときではないか。

二〇〇三年の政治工作条例で、中国は世論戦、心理戦、法律戦の「三戦」を重要な作戦に指定した。中国にとって認知戦は世論戦（宣伝戦）と心理戦を兼ねている。

イデオロギーや宗教・信仰、民族アイデンティティーなどで構成されるバーチャル空間が「認知領域」であり、敵国国民に恐怖と相互不信を植え付けることにより、「戦わずして勝つ」孫子の兵法の伝統を持つ。

中国が「超限戦」という、なんでもあり、「制約のない戦争」を唱えるようになったのは一九九九年のことだ。これにAIやビッグデータ処理、ロボティクスといった先端技術が加わる。

次の戦争は「非軍事」と「軍事」が七対三の割合だとさえうそぶく。

軍事侵攻をまつまでもなく、台湾は超限戦に打ち負かされるかもしれない。

このままでは米国は台湾を中国との代理戦争に利用しようとし、日本はそれに加担したと中台両国に批判される近未来が到来するかもしれない。

そうならないために、「ステルス・ドラゴン」という中国共産党中枢の正体を見破り、他国を侵略しようとする「見えない戦争」の地政学を可視化することが必須だろう。

この小冊が近未来のシミュレーションとして、参考になれば幸いである。

宮崎正弘

もくじ

プロローグ ウクライナ戦争の間隙を突く中国の「大戦略」

第一章 「民主主義」台湾の不都合な真実

第二章

中国のステルス攻撃と米国の反撃

第三章 世界通貨秩序の大変動

第四章 「親中国家」の地政学

第五章 中国の大誤算は習近平

第六章

「認知戦争」ではすでに負けている

第七章 悪人と矛盾だらけの国際情勢

エピローグ 見えない侵略から脱却せよ

装丁・本文デザイン　木村慎二郎

※敬称につきましては、一部省略いたしました。役職は当時のものです。
※写真にクレジットがないものは、パブリックドメインです。

プロローグ

ウクライナ戦争の間隙を突く中国の「大戦略」

ペイパー・ドラゴン（張り子の龍）から ステルス・ドラゴン（潜龍）へ

中国で黄龍《こうりゅう》とは皇帝の権威を象徴する。伝説上の「初代皇帝」を黄帝という。龍は想像上の動物である。

黄龍は中国伝統の「五行思想」に現れた黄色の龍である。「五行」は青龍《せいりゅう》が東を守り、朱雀《すざく》が南、玄武《げんぶ》が北、白虎《びゃっこ》が西を守り、黄龍が中央を守るという華夷《かい》秩序的な思想が根底にある。京都御所の東西南北の門もそれぞれ、このシナから輸入された「五行思想」に基づいている。

現在の中国人民解放軍の配置も「北部戦区」「南部戦区」「西部戦区」「東部戦区」と「中央戦区」の五つに分かれている。

ともかく黄龍は四神（青龍、白虎、朱雀、玄武）の中心的存在で「四神の長」とも呼ばれる。歴代皇帝は「瑞獣《ずいじゅう》」として黄龍をたいそう尊んだ。中国人の体質に合致するからだ。世界各地のチャイナタウンで旧正月の祝賀行進にも黄龍が練り歩く（次ページの写真は二〇一一年旧正月に筆者がNYチャイナタウンで撮影した風景）。

元号でも「黄龍」が前漢の宣帝劉詢《せんていりゅうじゅん》の年号（紀元前四九年）、三国時代の呉の太祖大帝孫権の年号（一二二二～一二二八年）。唐の粛宗《しゅくそう》の時期、梁王《りょうおう》段子璋の年号（七六一年）に用いられた。シナ思想にかぶれていた古代日本でも宇多天皇（八八七年即位）のときに黄龍が出現したとか。

青龍は禍々《まがまが》しい青龍刀が象徴する。「青」の原義は青山・青林であり、長い舌を出す。弘法大師空海が留学した寺の一つが長安の青龍寺だ。日本でも秩父神社の「つなぎの龍」は青龍である。長安（現在の西安）時代の青龍寺は戦乱で廃墟となっていたが、西安市人民政府は一九八〇年代に遺址と伝承されてきた石仏寺周辺の発掘調査を行った。すると、唐代の遺物が出土したので青龍寺跡とされ、復興された。日本からの寄贈で、空海記念碑、恵果・空海記念堂が建つ（二〇年ほど前、愛知県立大学の樋泉

中国の旧正月には獅子舞の替わりに龍が舞う（NY のチャイナタウン）

克夫教授と探しに行ったが、入り組んだ場所に位置し、たどり着くのに苦労した記憶がある)。

黒龍は全身の鱗が黒く、前足が二本しかない。驪龍《りりょう》とも呼ばれ、顎《あご》の下に貴重な珠を持っている。黒龍は邪悪の化身《けしん》で水を司る。敵は光を司る白龍。ともかく黒龍は光を嫌い、深い海底で孤独に棲みつき、新月の夜に海底から姿を現す。戦後、中国が旧満洲北部を黒龍江省と名付けた由来も漢族が満洲、蒙古族への侮蔑《ぶべつ》をこめての銘名だろう。日本では内田良平の黒龍会があった。このナショナリスト集団の名は単に黒龍江に由来するとされ、大アジア主義を唱え、一時は孫文を支援した。黒龍会は海外で日本の壮士集団として畏《おそ》れられ、戦後、GHQが「最も危険な影響力のある国家主義団体」だとして解散を命じた。

赤龍は日照神で水害を防ぎ、朱龍は邪気を浄化する。中国の歴代皇帝の衣装は黄色地に朱色を織り込むか、鏤《ちりば》めたものが多い。

また式典などの横断幕や看板は、圧倒的に黄色、朱、緑取りは黒である。緑は中国では滅多に使われない。

緑林と言えば、中国では山賊匪賊《ひぞく》を意味するからだ。西欧の「緑の党」などは中国人から見れば、さしずめ「山賊党」という印象になる。日本でも龍の文字は親しみがあり、登龍

現代中国の黄龍＝習近平

門は、人名なら芥川龍之介、坂本龍一、地名なら龍飛岬《たっぴみさき》、四股名《しこな》なら朝青龍《あさしょうりゅう》、大学なら龍谷大学……。

ともかく中国の龍はバラエティに富む。

現代中国は「人民共和」を名乗るが、そのシステムはどうみても古来からの独裁政治であり、皇帝が支配し、眷属《けんぞく》が特権を享受し、兵は特権階級だけを守り、民は皇帝の奴隷である。

その現代中国皇帝の習近平総書記がどのような世界戦略を描いているのか。いや、高等で洗練された「大戦略」ははたしてあるのか？

孫子兵法にモラルはない

孫子の兵法を重んじる中国は敵を欺《あざむ》くことを最も得意とする。

そもそも政治や外交は国益優先の打算で成り立つのであり、モラルが優先する外交は失敗しがちである。最もあざとく中国にだまされたのは米国と日本だ。西欧諸国もうっかりとパンダに欺かれ臍《ほぞ》を噛む仕儀となった。

米国ファンドが過去数年間、中国AI産業に多額の投資を行ってきたことが判明した。

ジョージタウン大学のCSET（サイバースペース安全保障・新興技術局）が二〇二三年二

月に発表した調査報告によると、二〇一五年から六年間でインテル、クアルコムなど一六七の米国企業、ファンドならびに投資家が合計四〇一件の中国企業のAIビジネス取引に関与し、投資総額は四〇二億ドルに達していたのだ。

対象となった中国のAI（人工知能）企業は二七〇社を超え、同期間の中国の人工知能企業の総資金調達の三七%を占めた。

まさにウラジミール・レーニンが言ったように「奴らは自分の首を絞めるロープも売る」。

AI開発競争が進み「バラ色の未来」が約束されているとメディアは書き立てた。創造性を富ませ、生産性を向上させ、生活は豊かになると喧伝《けんでん》された。ただしリスクも大きい。安全性と有用性に対しての企業責任も問われる。しかし中国には企業倫理や人間の道徳は通じない。

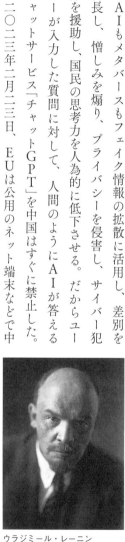

AIもメタバースもフェイク情報の拡散に活用し、差別を助長し、憎しみを煽り、プライバシーを侵害し、サイバー犯罪を援助し、国民の思考力を人為的に低下させる。だからユーザーが入力した質問に対して、人間のようにAIが答えるチャットサービス「チャットGPT」を中国はすぐに禁止した。

ウラジミール・レーニン

二〇二三年二月二三日、EUは公用のネット端末などで中国の短編動画投稿アプリ「ＴｉｋＴｏｋ」使用を禁止する方針を打ち出した。禁止理由は「サイバー・セキュリティーの強化」である。

すでに米国は二〇二二年一二月に成立した「二〇二三会計年度予算」で、政府関係の端末から一切の使用を禁止する規定が盛り込まれた。「フォーブス」誌は「運営会社が中国の拠点から記者を監視している」と報道した。調査の結果、ＩＰアドレスから発着地域を割り出し、「フォーブス」と英紙「フィナンシャル・タイムズ」の記者が監視されていたことが判明した。

二〇二三年三月二三日に米議会公聴会はＴｉｋＴｏｋのＣＥＯの周受資を召喚し五時間も吊し上げた。米国ではノースダコタ、アイオワ、アラバマ、ユタなど一〇州で州政府が購入した端末にダウンロードするのを禁止した。日本は野放し状態のままである。

無意識に利用されていた米国の投資家とファンド

ＣＳＥＴ報告書は米国投資家の中国ＡＩ開発投資の九一％はベンチャー・キャピタルであるとした。

習近平・共産党総書記兼国家主席は二〇一八年に「ＡＩ開発を加速することは、中国が世界的な技術競争におけるイニシアチブを樹立するための重要な戦略的出発点である」と主張し、「二〇三〇年までに世界のAI開発センターになる」と獅子吼《ししく》（雄弁をふるうこと）した。そのためにGDPの三％を研究開発費に充てた。

中国のAIならびに関連技術開発に投じる予算は一兆三八〇〇億ドルを超えている。すでに中国には一六〇〇社を超えるAI企業が生まれており、このうち一二三九の中国AI企業が三六カ国で一一〇〇億ドルの資金を調達した。筆頭が米国ファンドの四〇二億ドルだった。

一方、中国科学技術省は「チャットGPT」のような技術の重要性を認識しているとし、「社会と経済へAI統合を推進する。多くの産業分野に適用される可能性が高い」と位置づけている。「倫理的な観点からチャットGPTのような技術を制限するべきではなく効果的に開発できる」。しかし一般ユーザーには使わせない。

そこでバイドゥ（百度）は、「中国版チャットGPT」を立ち上げると、CEOの李彦宏は語り、仮称「エミエボルト」を開発すると宣言した。

バイデン政権は二〇一九年に商務省に命じてブラックリストである「エンティティ・リスト」を作成し、中国のビッグ・テックへの技術輸出を禁止してきた。

二〇二三年三月からはファーウェイは全面禁止である。

アラン・エステベズ商務次官が下院外交委員会の公聴会で証言した。従来、水準の低い汎用半導体はインテルとクアルコムがスマートフォン向けにファーウェイに供給し、逐一、輸出許可申請を審査してきたが、これを「すべて」取り消す方針という。技術封鎖である。「ワシントン・エギザミナー」（二〇二三年二月二八日）によると、ホワイトハウスは「4G販売を中止する。スパイ活動を支援した」という理由でこれに連邦通信委員会は国家安全保障上の懸念から二〇二二年一一月にファーウェイ製の通信機器の販売と輸入を禁止していた。

しかし或る専門家は次の指摘をしている。

「米国の投資家やファンドはこれらの企業や環境で無意識のうちに中国政府と交わった可能性がある。さらに中国政府とビジネスおよび民間部門との複雑な関係を考えると、これらのAI企業が新技術に対応する可能性が高くなる。投資家が最も関心を持っている市場のニーズに対応するより、中国政府の政策の優先事項や圧力に西側は的確に対応する必要がある」（「博訊新聞網」、二〇二三年二月六日）

クリストファー・レイFBI長官はスイスで開催されたダボス会議で「中国のAIプログラムの進展を深く懸念している」と述べた（二〇二三年一月）。

前述のCSET報告書は、バイデン政権がいかに中国のAI産業への投資を規制しても、中国の技術開発の進歩を完全に抑えることは不可能であり、同盟国との強調、支援が必要としている。

　米国の対中政策の矛盾は甚だしく二月七日に商務省が発表した数字は驚異的だった。

　二〇二二年度の米中貿易は史上空前の六九〇五億ドルだった。その内訳は米国が中国から輸入したオモチャ、ゲーム、軽工業品などが五三六七億ドル。米国が中国へ輸出した大豆、穀物などが一五三八億ドル。米国の対中貿易赤字は三八二九億ドル！（ちなみにジャパンバッシングと騒がれた当時の日本との貿易赤字は最大で八〇〇億ドルと「かわいい数字」だった）。

　つまり米国は対中技術封鎖を遂行する一方で、米中貿易は増やしているのだ。ところが誰もこの矛盾を一向に気にしていないのである。

クリストファー・レイ

米ドル基軸体制を脅かす中国とロシア

二〇二三年四月現在、ウクライナではロシアとの戦闘が継続中である。

いま、おきていることは「第三次世界大戦である」とドナルド・トランプ前大統領が言ったが、フランスの人口学者のエマニュエル・トッドも「フィガロ」紙のインタビューで答えている。

「限定的な領土戦争だったウクライナ紛争が、いまや西側全体と、中国に支援されたロシアとの間のグローバルな経済的対立に発展した。これは世界大戦である」

かつてソ連の崩壊を予測したエマニュエル・トッドは日本でも有名だが、「中国の脅威なんぞより、日本は人口減が深刻な問題だ」と直言をはばからない。ウクライナ戦争の行方についてトッドは、「ロシア経済の抵抗が米国の帝国主義体制を奈落の底へと押しやっている。脆弱《ぜいじゃく》な米国を救うために急がなければならない」とメディアの分析とは逆の見解を付け加えた。

「ロシア経済制裁への抵抗が『米国帝国システム』を絶壁に向かって推し進めているため、世界の金融システムの米国支配は危険にさらされる一方、ロシアは金融支援を中国に依存している」とも

エマニュエル・トッド

分析した。

「世界の警察官」の座を降りた米国は、依然として米ドル基軸体制を維持しているが、このシステムが中露によって脅かされている。

トランプ前大統領は、「私たちは第三次世界大戦の瀬戸際にいる」と警告し、「私が大統領だったらロシアとウクライナの戦争はおこらなかった」と持論を展開した。

はたして世界と日本に、どういう近未来が待ち受けているのか？

ステルス・ドラゴン（潜龍＝中国共産党中枢）が狙う人民元の通貨覇権は確立されるのか？

ステルス・ドラゴンの野望はどこまで進んでいるのか？

ウクライナ周辺図

第一章

「民主主義」台湾の不都合な真実

「二〇二五年に米中戦争がおこる」

ステルス・ドラゴン（潜龍＝中国共産党中枢）の当面の軍事目的は台湾への侵攻である。それがあるか、ないかの問題ではなく「何時《いつ》か？」という時間の問題となった。

米空軍航空機動軍団のマイク・ミニハン大将は「予感」とするメモを認めた。「二〇二五年に米中戦争がおこる」。その根拠は「二〇二四年に台湾とアメリカで選挙が行われ、米国の関心事は新政権への移行期となって外交が弛緩する隙間ができる」というスケジュール予測からである。

留意されたい。中台戦争ではない。米中間で戦争がおこると言っているのだ。

このメモに対して下院外交委員会のマイク・マコール委員長は「彼が間違っていることを願うが、残念ながら彼は正しい」と述べ、中国軍の軍事力の拡充ぶり、そのリアルな存在、その脅威を指摘した。

となると米国がすでに決めている台湾への武器供与は間にあうのか。

マイク・マコール

二〇二三年一月一一日、米連邦議会下院は「米中戦略競争特別委員会」（中国問題特別委員会）設置を賛成多数で可決した。初代委員長に共和党、反中派議員の代表格のマイク・ギャラガー議員が就任した。マイク・ギャラガー委員長は、二〇二三年二月第三週に台湾を秘密裏に訪問し蔡英文総統と会談していたことが明らかになった。

ギャラガー議員は海兵隊大佐退役。ジョージタウン大学で「冷戦」を研究し、論文は「トルーマン、アイゼンハワーと冷戦」。熱烈なトランプ支持者としてウィスコンシン州選出四期目。まだ三八歳。対中強硬派で知られる。

この中国問題委員会は中国共産党の調査研究にあたり、とりわけ技術、経済、米中関係ならびに米台関係の現状、サイバースパイの実態、南シナ海問題、ウイグル、チベットなどにおける人権問題などを取り上げる。

ギャラガー氏を迎えた蔡総統は「友人の訪問を歓迎し、民主主義、自由、平和を守るために協力したいと考えている」と発言した。

蔡英文

マイク・ギャラガー

台湾はハープーン対艦ミサイルやF16ジェット戦闘機など重要武器を含む一九〇億ドルの武器供与を受ける。しかし虎の子のハープーンは「二〇二七年までの納入が危ぶまれている」とギャラガーは焦燥を述べた。

ハリー・ハリス（元米海軍インド太平洋軍司令官）が議会で証言し、「中国の台湾侵攻は二〇二七年までにおこるだろう」と発言した。この二〇二七年説は軍人の現場感覚と言える。また同氏は、二〇二三年二月七日、米下院軍事委員会公聴会でも「中国が台湾を奪取する意図は明らか。米国は中国が数年以内に台湾に侵攻するという見通しを無視している」と証言した。

ハリー・ハリス

「インド太平洋軍の私の後継者は二〇二一年に議会で、中華人民共和国が六年以内に台湾を侵略する可能性があると証言しています。二〇二七年です」とハリスは強調した。

「私の考えでは、全面的な侵略というよりも小さな作戦になるかもしれません。シナリオの一つは離島への脅威であり、台湾の重大な安全保障上の懸念です」

下院軍事委員会の共和党メンバーは「大陸間弾道ミサイルの発射装置の数で中国が米国を上回った」とし、「習近平国家主席は公式的にも最終的には武力を使わずに台湾を吸収するとしているが、二〇二七年は中国人民解放軍の一〇〇周年である。『曖昧《あいまい》戦略』の時代は終わった。もし中国が台湾に侵攻した場合、どうなるかについて、我々の意図を明確にしなければならない。中国は必要に応じて最終的に台湾を占領するという意図を明確にしている」と懸念を表明している。

軍関係者とＣＩＡの分析の〝温度差〟

中国軍はナンシー・ペロシ下院議長（当時）の台湾訪問（二〇二二年八月）直後に大がかりな軍事演習を行い、日本の排他的経済水域（ＥＥＺ）にも弾道ミサイルを五発撃ち込んだ。尖《せん》閣《かく》諸島周辺海域への領海侵犯は日常茶飯《さはん》である。さらに中国軍は二〇二三年一月八日から軍用機五七機、艦艇四隻を投入して大々的な軍事演習を展開した。ドローンによる偵察はほぼ毎日行われている。

これまでに米国から発せられた中国の台湾侵攻シミュレーションのなかで、最も早い時期を予測したのはマイケル・ギ

ナンシー・ペロシ

ルディ海軍大将で「二〇二三年の可能性もある」とし、多くの軍事関係者の「二〇二五年以後」という予測より早い時期をあげた。

ＣＳＩＳ（米戦略研究センター）のシミュレーションでは二〇二六年を予測している。なぜなら中国人民解放軍の創立一〇〇周年を迎え、習近平が三期目の任期を満了するため、その前年までに派手な「成果」を見せつける必要があるからとする。

「二〇二七年説」に加わったのはフィリップ・デービッドソン米インド太平洋司令官である。すでに二〇二一年三月の時点で「侵攻の脅威は二〇二七年までに顕在化する」と予測していた。

一方、ＣＩＡのウィリアム・ジョセフ・バーンズ長官は同年二月二日にジョージタウン大学の行事に参加して「ＣＩＡの評価は習近平主席の台湾に対する野心を過小評価していない。二〇二七年までに台湾侵攻を成功させるための準備をなすよう解放軍に指示したことをＣＩＡは掴んでいる」とすっかりトーンダウンした予測を述べた。

フィリップ・デービッドソン

ウィリアム・ジョセフ・バーンズ

バーンズCIA長官は秘密裏にクレムリンを訪問し、またイスタンブールでもロシアの情報機関トップと会合をもっていることが確認されている。CIAのもっぱらの情報収集はウクライナ戦争の分析で、「向こう半年が重要だろう」と述べ、「中露関係は完全に無限の関係ではなく、中国はロシアへの武器供与を抑制している」と分析した。事態はあべこべで中国製ドローン一〇〇〇機が、すでにモスクワへ供与されたとドイツ「シュピーゲル」誌が報じている(二〇二三年二月二四日)。

この軍人たちの危機認識の温度差、予測のずれは何から生じているのか?

戦場の現場感覚から「台湾ではなく、米中間の戦争が近い」と感知する軍隊のトップと、いまや「情報サロン」と化したCIAなどの机上の空論組との誤差なのか?

米国情報機関ならびに軍高官の一連の発言から推測できることは、軍の予算獲得にあり、ウクライナへの大量の武器供与で在庫を減らした米軍の装備充填に置かれている。

ウクライナ戦争で割れる米国

ウクライナ戦争が与える米国への余波をここで整理しておきたい。

なぜならステルス・ドラゴンである中国共産党にとって、欧米の援助疲れとロシア軍の疲弊をじっと待っているからである。ウクライナ戦争の行く末次第で中国の台湾侵攻が早まるか、遅くなるかの選択に影響する。

米国は民主vs.共和との対立ばかりか肝心のバイデン政権の内部に亀裂が生じている。片やウクライナ支援強化の左派と、そろそろ幕引きを探る国務省主流派との目に見えない対立である。

ビクトリア・ヌーランド国務次官は二〇二三年二月一六日に講演し、戦争の目的は「クリミア半島の奪回とロシアのレジーム・チェンジだ」と豪語した。まるで彼女がバイデン大統領に代わって戦争指導者のごとき傲慢《ごうまん》な発言である。

ウクライナ戦争は裏舞台でヌーランドが指導している。しかしロシアばかりか、米国内でヌーランド批判の声が高まった。共和党保守派、とりわけトランプ陣営はウクライナ支援の縮小を唱えている。ウクライナ戦争をめぐり米国内で鮮明な対立状況が浮かんだ。

ヌーランドは「マイダンの助産婦」と言われ、ヤヌコビッチ元大統領追放劇を舞台裏で動かした（マイダン革命）。ロシアが最も嫌う「女傑」、ネオコンの代表格である。夫君は

ビクトリア・ヌーランド

ネオコンきっての理論家ロバート・ケーガンである。

ヌーランド次官は「クリミア半島が少なくとも『非武装化』されない限り、ウクライナは安全だとは感じられない。理想的な終結はモスクワでの革命である。ウクライナ人にとって持続可能な地図を手に入れる必要がある。米国の立場は、ウクライナは『国境内のすべての領土を負う義務がある』というものであり、これはクリミアも意味する」と付け加えた。

紛争の終結をどのように見るのかと尋ねられたヌーランドは、「ウラジーミル・プーチンが権力を握っている限り、本当に終わったとは決して信じてはならない」と語った。彼女はまた、西側が提供する「より良い未来」のために、ロシア人が政府を転覆することを望むと露骨な発言を続けた。

ところが上司であるアントニー・ブリンケン国務長官は「米国がウクライナにクリミアを占領するよう『積極的に奨励』してはいない」と答弁している。

際立った認識の相違がある。

アントニー・ブリンケン

ロバート・ケーガン

第三次世界大戦を危惧する保守派

一方、保守陣営はバイデン政権のウクライナ支援に異論を唱える動きが鮮明になった。マジョリー・テイラー・グリーン下院議員（共和党：ジョージア州）は、米国がウクライナに拠出した五〇〇億ドルを超える資金の行方を強制監査する法案提出を計画していた。グリーン議員は二〇二三年二月二三日、FOXテレビのタッカー・カールソンのインタビューで、「議会はアメリカ国民に監査を行うよう強《し》いられるだろう」と語った。「まさに必要とされる監査であり、ウクライナへの拠金の精密な調査によって、私たちのお金がどこに消えたかを調べなければならない」と言った。ちなみにカールソンは保守派に最も人気のあるTV司会者だ。

このグリーン議員は熱烈なトランプ支持者で中絶反対、銃規制反対、反ワクチンの急先鋒。ブラック・ライブズ・マター（BLM）を「マルクス主義の巣窟《そうくつ》」と批判した。選挙では七五％の得票を得て民主党候補を寄せ付けない強みをもち、それを背景に「バイデン大統領がやっている政策は国民が望んでいる政策とかけ離れている。彼らは私た

マージョリー・テイラー・グリーン

ちを第三次世界大戦に引きずり込もうとしている」と批判した。

　直近のアメリカでの世論調査によると、共和党員はキエフ（キーウ）に対する米国の支援に制限を設けるか、あるいは「完全に停止すべきだ」として民主党とは異なる立場をとる議員が多い。グリーン議員は民主党の政策に関して、「彼らが気にかけている唯一の国境はウクライナであり、アメリカ南部の国境ではない」と非難し、「共和党が政権を掌握していれば、ウクライナには一銭たりとも使わないだろう。アメリカファーストだ。ところがバイデン政権はアメリカの国境や国民のことなどどうでもいいのだ」と痛烈に批判した。

　ポール・ゴサール下院議員（共和党：アリゾナ州）は同年二月二四日、「国務省高官がロシアと第三次世界大戦に巻き込もうとしている」とグリーンと同様趣旨のツイートをした。「ヌーランドとブリンケンはどちらもロシアに対して根深い憎しみを持っており、米国を別の世界大戦に巻き込もうとし

ポール・ゴサール

ブラック・ライブズ・マター（BLM）運動

ている」と彼は続けた。「この連中は私たち全員を殺してしまう危険な愚か者だ。ヌーランドはプーチン政権転覆を支持し、ノルド・ストリーム・パイプラインの破壊を祝い、ウクライナへの無制限な武器供与を推進した」と非難した。

しかし共和党が現在下院を支配しているにもかかわらずゴザールらは少数派であり、米国外交の方向性を変える可能性はない。ゴサールを含めて共和党下院議員のタカ派集団は一一名しかいない。

「中国が台湾に勝つだろう」

ジョシュ・ホーリー上院議員は二〇二三年二月一六日に保守系シンクタンクのヘリテージ財団で講演し、「軍事資源には限界がある。米国は中国を抑止するためにウクライナよりも台湾を優先すべきだが、米国の軍事力は（台湾防衛のために）適切な場所に配備されていない」と述べた。

ホーリーは、ミズーリ州司法長官を経て上院議員（ミズー

ジョシュ・ホーリー

リ州選出）に当選した共和党議員。二〇一八年の中間選挙で当時現職の民主党議員クレア・マカスキルを破った。所謂《いわゆる》「トランプ・チルドレン」の一人で四三歳。ホーリー上院議員は、「いくら我々がウクライナを支援しても、中国が台湾に侵攻しようとするのを思いとどまらせることはできない。米国のウクライナ支援は中国の計画に影響を与えるという超党派のコンセンサスがワシントンにあるが、米国はアジアにおける中国の拡張主義を阻止するよう努めるべきだ」とし、「ウクライナに資金を投じても、中国の軍事力増強は止められない」と強い警告を発した。「中国の軍拡は進んでおり、私たちは彼らを止める準備ができていない。もし中国がいま、台湾に侵攻すれば、中国が勝つだろう」と不気味な予測も付け加えた。

現実を直視すれば、習近平政権は「戦争準備」に余念がない。二〇二二年師走には「中華人民共和国予備役人員法」が公布されている。退役軍人や民兵など「予備役」によって編成される中央軍事委員会直属の解放軍予備役部隊は、名簿上一〇〇〇万人を超えている。戦争発動に備えて「予備軍部隊」を総動員する法律も後追いで整備された。

こうした動きを見ながら「中国の台湾侵攻を阻止するために、米国はウクライナに送った武器の多くを台湾に供給する必要がある。米国の防衛産業能力は縛られている。国家をめぐる戦争は、台湾の半導体に大きく依存している」とホーリー上院議員はまとめた。

ウクライナは武器の横流しをしている⁉

米議会共和党は、バイデン政権がウクライナに与えた数百億ドルの軍事ならびに人道援助に関して、その精査を烈《はげ》しく国防総省高官に詰め寄った。二〇二三年二月二八日の下院公聴会で、キエフへの武器供与はあまりに高額であり、費用に対する懸念が連邦議会に渦巻いている状況がわかった。

バイデン政権が軍事援助を補充するための議会承認を得ることは、今後、困難になるだろう。なにしろ赤字国債の上限を審議する議会は遅れていて、その間隙《かんげき》を突いて、抜け駆けに走るべくバイデンは突如キエフを訪問した。その二日後にはジャネット・イエーレン財務長官が飛び入りでキエフ入りし、追加援助合計が一二億ドルとなった。

闇討ちのような仕儀ではないか。バイデン政権は議会承認が難しいと予感し、慌てたのである。

「私たちは皆、説明責任について懸念しています」と、過去にウクライナの資金調達事業を支援してきた下院議員のジョー・ウィルソン下院議員も、下院軍事委員会の公聴会で

ジョー・ウィルソン

語った。「ちゃんと公表し、納税者であるアメリカ国民が支出を信頼できるようにしましょう」。

ウィルソン議員は二〇一七年、観光目的の北朝鮮旅行を全面禁止し、その他の訪問客には政府の事前許可を受ける「北朝鮮旅行法」制定で中心的役割を果たしたベテラン議員である。また、戦争の英霊を検証する運動を主張し、トランプには是々非々の立場をとった。サウスカロライナ州選出。

アンドリュー・クライド

アンドリュー・クライド下院議員（共和党：ジョージア州）は供与した武器の「紛失」、および転用、内部告発者、「詐欺」等の申し立てについて国防総省の高官に質問した。つまりウクライナ・マフィアがゼレンスキー大統領の上層部と組んで武器の横流しをしている疑惑の追及であり、また兵器メーカーがペンタゴンの武器選定に際し賄賂を渡したのではないかとする疑惑も言外に含まれる。

クライド議員は常に正論を言う少数議員で、議事堂乱入事件も「参加者の多くは彫刻展示エリアを秩序立って歩き、写真やビデオを撮影していた」と主張した。

この事実を指摘しただけで左翼はクライドを「歴史修正主義者」と非難した。

加えて、ウクライナ政界の腐敗も報道されている。

ユリア・ティモシェンコは独特な髪型で知られた女性宰相。ウクライナ政治を牽引したが、任期途中でスキャンダルが発覚し、獄につながれた。ウクライナ有数の資産家と言われ、祖父はアルメニア人（ユダヤ人説もあり）、三六歳までウクライナ語を喋れなかった。

二〇二二年夏には来日し、小池百合子都知事と面会。ウクライナ難民一九八名を都営住宅に引き取った人道援助に感謝の意を伝えた。

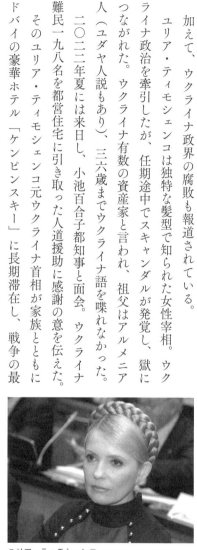

そのユリア・ティモシェンコ元ウクライナ首相が家族とともにドバイの豪華ホテル「ケンピンスキー」に長期滞在し、戦争の最中に豪遊していた写真が出回った。ゼレンスキー大統領の与党「国民の僕」所属のミコラ・ティシイチェンコ議員は外遊先のタイの海岸で海水浴に興じていた。このときの写真が確認されたため与党はただちに会合を開き、議員資格解任を決めた。ロシアの侵攻が始まってからウクライナでは一八歳から六〇歳までの男性は海外への出国が認められていない。

ユリア・ティモシェンコ

二〇二三年一月二三日からウクライナ政界は「辞任」「解任」ブームとなった。大統領府副長官、国防次官、副検事総長、そして地方行政長官の四人が解雇された。次はシュミガル首相も解任されるとの噂が飛び交った。三月下旬には三人の閣僚が更迭《こうてつ》された。

台湾軍に浸透する中国のスパイ

米国の台湾への武器供与は二〇一〇年以来の累積が三七〇億ドル。このうち、二一〇億ドル分は過去三年の間になされた。

しかも二〇二二年に表明されたアメリカの対台湾武器供与パッケージは一三回（新規契約が一〇、従前契約修正が三）。ハイマース、155ミリ榴弾砲、F16ジェット戦闘機の新バージョンが含まれる。ただし米側は戦術的に台湾軍の中国軍上陸阻止に優先順位をおいているため戦略的な武器は供与していない。

台湾国防部は二〇二三年下半期に陸軍の大隊（四〇〇〜六〇〇人）を初めて米国に派遣して軍事交流を実施するとした。従来の交流から規模を拡大。将兵のレベル向上も図る狙いがある。これまで台湾の海軍陸戦隊（海兵隊）や陸軍特殊作戦指揮部が米国で訓練を受

高機動ロケット砲システム＝ハイマース

けていた。現在、台湾には米海兵隊およそ五〇名が滞在している。米国の力強い支援と鼓舞を受ける一方、中国のスパイによって台湾政治が攪乱されている。

米国がこれまで台湾への高度武器供与を渋ってきたのは、ハイテク兵器の機密が中国共産党へ流れかねないからだ。

以下はその一例である。

二〇〇九年、総統補佐官のワンジェンピンが一〇〇件に及ぶ機密文書を中国に売却したことが判明した。また軍事情報将校が二〇一〇年に中国の二重スパイとして行動していた事実が判明した。陳水扁《ちんすいへん》政権下で電子通信・情報局長を務めた羅賢車少将は軍事機密を中国本土に売却した疑いが持たれた。

155ミリ榴弾砲＝M777

台湾国立政治大学のMBA資格を持つ周泓旭は中国に情報を提供する目的で外務省の職員を採用しようとし告発された。周は中国の台湾担当部署から、台湾で「友人」をつくり、スパイ組織を拡充する目的で台湾大学入学を指示されていた。二〇一五年、許乃權陸軍少将らは台湾のレーダー設備とミラージュ戦闘機に関する情報を中国に売ったことが発覚し、有罪判決を受けた。

二〇一七年五月、国家安全局に配属された退役憲兵の王宏柱少佐がスパイ容疑で起訴された。馬祖の副司令官である謝嘉康陸軍少将は退役陸軍大佐の新鵬生によって採用され、中国に情報を提供していた。

二〇二〇年一〇月、中国のハッカーが台湾最大のリクルート企業データに侵入し五〇〇〇万人以上の情報をハッキングしていた。

だが、これらも氷山の一角にすぎない。

「親中派」の国民党は台湾併合へ寝返る？

こうした危機的状況であるにもかかわらず台湾では親中派の国民党が選挙となると妙な強みを発揮する。

二〇二二年一一月二六日の六直轄市市長を含む台湾の統一選挙（米国の「中間選挙」に相当）が行われ、台北市長（東京都知事に匹敵。閣僚級）に国民党の蔣万安《しょうばんあん》（蔣介石の曾孫）が当選した。これは与党・民進党側の分裂により国民党が「漁

蔣万安

夫の利」を得たからである。

柯文哲《かぶんてつ》（前台北市長）が民進党の意向など無視して副市長の女姓を立てたため票が割れたのだ。コロナ退治で勇名を馳《は》せた厚生部長が民進党から出た。この構造は陳水扁のときのネガで、あのときは逆に国民党が分裂したため、陳水扁に勝利が転がり込んだ。国民党は李登輝《りとうき》時代の副総統だった連戦《れんせん》を立て、これに不満を抱いた国民党元秘書長の宋楚瑜《そうそゆ》が親民党を組織して分裂した。

最新の台湾国会議員補欠選挙（二〇二三年一月七日）でも民進党が敗北した。台湾メディアは「国民党の復権だ」と騒ぎ立てた。

注目の台北選挙区で立法委員（国会議員）に当選したのは王鴻薇《おうこうび》という中年女性。台北市会議員だった。彼女は基隆出身。国立政治大学卒業。新聞記者を経て中華思想の若者が結成した「新党」に所属したこともあったがやがて国民党へ。台北市会議員を連続五期勤めてきた。

柯文哲

王鴻薇

この選挙区は蔣介石の曾孫・蔣万安の地盤で、もともと軍人と公務員の住む国民党の岩盤のごときであり、一度も国民党が負けたことがない選挙区だ。むしろ民進党候補は僅差で迫り健闘したのである。

米議会証言でウェンディ・シェーマン国務副長官は、「台湾は自立した自衛国家である」と述べている。

こんな折に国民党副主席の夏立言《かりつげん》が北京を訪問し、台湾弁事処の宋濤《そうとう》主任のほか、中央政治局常務委員で序列四位の王《おう》滬寧《こねい》とも会談した。王は「台湾同胞と団結して祖国統一を共同してつくろう」とし、あらためて台湾独立に反対する立場を確認した。ついで三月下旬からは馬英九元総統が学生らを率いて一二日間、武漢、上海などを訪問した。

これらの国民党首脳陣の国民党訪中団は内外の反中ムードに逆行している。相手の宋濤は元特務。その宋濤は夏立言に対し、これからどのように統一するか具体的に国民党と相談せよと命令に等しく国民党を中国共産党の台湾併合の手先に

ウェンディ・シェーマン

夏立言

しようとした。

中国の本音は、
一、台湾の統一は特務政治によって、国民党を通じて台湾内部に浸透し、多くの拠点をつくり併合を図る。
二、利権を持って、親中派と国民党の人間を釣り、カネで台湾を買う。
三、アメリカと衝突しているタイミングで、台湾最大野党を呼びつけて、台湾は親米ではなく親中だと国際社会にアピールすることにある、と林建良（『台湾の声』主宰）は分析している。
国民党は「中国当局と対話できる政党」をアピールする狙いがあるが、台湾では「武力解放を呼号する勢力に媚《こ》びを売った。台湾が中国の圧力に屈したという誤まった印象を国際社会に与える」として評価しないのが圧倒的世論である。国民党の主流派は中華思想が強く、本質的に反日である。

台湾における「中国代理人」の怪しい動きはまだある。

二〇二二年一二月に九七歳で死去した仏光山の釈星雲《しゃくせいうん》大師の葬儀が二〇二三年二月一三日に台湾高雄市郊外で催行された。この式典には三万人が参列し、蔡英文総統も出席した。星雲大

王滬寧

師は「台湾の池田大作」と言われるほどの親中派で、「祖国統一」を唱えてきた。

台湾独立派は彼の宗教活動は「中国の第五列（スパイ）だ」と認識し、日頃から警戒してきた。

仏光山信者は世界に拡がり、世界五〇カ国、一七三カ所に拠点がある。

大乗仏教だが、中国仏教の八つの会派を統一したなどと自称し、一九九八年には世界仏教会議を開催した。

この仏光山は高雄市の外れ、大樹郡の山岳に位置し、敷地三〇万平米、金ぴかの阿弥陀堂の大伽藍《がらん》は観光名所にもなっている（四〇年ほど前に筆者が行ったときは大仏群はあったが阿弥陀堂はまだ完成していなかった）。

さて、大師葬儀に北京が絡んできた。

葬儀に参列したいといって、中国は台湾弁事処副主任の龍明彪ら五名と宗教局前局長の葉小文、それに統一戦線部五名などが台湾ビザを申請した。台湾は発給に応じず、結局、彼らは葬儀参列を見送った。

仏光山の阿弥陀堂

台湾政界を攪乱する郭台銘

鴻海《ほんはい》精密工業のCEO郭台銘《かくたいめい》は台湾政界の攪乱要因である。シャープ買収で日本でも有名だ。

郭は出張先のアメリカから前立法院議長の王金平に電話し、帰国したらすぐに会談したいと申し入れた。

そして二〇二三年二月七日に二人は面談した。おそらく次期台湾総統選挙出馬の可能性を模索した。

郭台銘は中国に多くの工場を持ちアップルの携帯電話組み立てで爆発的に商いを伸ばし、中国全土に百万人を雇用、ビジネス界では立志伝中の人物となった。

トランプ政権のときはアリババの馬雲やSBGの孫正義と並んで鍬入れ式を行ったこともあった。

郭台銘は王金平と会談した翌日、高雄へ飛んで、仏光山の星雲大師を弔問し、次に関羽廟に参詣し「台湾を守るよう」

郭台銘

祈ったそうな。派手なパフォーマンスだった。

マスコミ陣から質問を受けると、「国民党の一連の措置を待っている」と謎の言葉を残した。これは国民党へ復帰するかという意味で総統選に出るには党の予備選を戦う前提がある。党内は朱立倫《しゅりつりん》（国民党党首、元新北市長）と新北市長の侯友宜《こうゆうぎ》が争うことになりそうで、三月の世論調査では侯が首位に立った。

二〇一九年の国民党総統予備選挙は本命視された朱立倫の戦列に張亜中、周希偉ら有力者が立候補を表明していたとき、突然、郭台銘も立候補を表明した。

党員ではなかったが、郭は破格の寄付を行って「名誉党員証書」を入手した。

すると中国共産党の命令を受けた（証拠はないが）らしい韓国瑜《かんこくゆ》・高雄市長が予備選挙に急遽参戦し国民党は大混戦となり、韓国瑜が四五％、郭台銘が二八％となった。本番で韓国瑜は蔡英文に惨敗した。

揺れる台湾国民

台湾世論基金会が二〇二三年二月二〇日に発表した世論調査の結果が台湾人の現在の心理状

態を表している。

まず「台湾軍が中国の侵略から国を守ることは可能か?」と問うと四七%が「あまり自信がない」、または「まったく自信がない」と答えた。四五%が「やや、または非常に自信がある」とした。

中国が攻撃した場合、「米国が台湾に軍隊を派遣するか?」では四三%が「確信している、ある程度確信している」と答え、四七%が「確信していない、またはまったく確信していない」と答えた。半々の反応である。

また「台湾の空域に飛来する中国のスパイ気球を撃墜することを支持するか?」との設問に六六%が「そうすべき」と答え、一九%が反対だった。

しかも次期総統選挙で、民進党に赤信号がともっている。

二〇二四年の次期台湾総統選挙予測では国民党の新北市長、侯友宜が民進党主席の頼清徳《らいせいとく》をリードしており、もし前台北市市長の柯文哲が出馬した場合、侯が三二・四%、頼二七・七%、柯が一九・五%とでた。二人の対決となっても侯の支持率は四七・四%で、頼の三二・七%を上回るとの分析が

侯友宜

でた。

　侯友宜は外省人で六五歳。小林寺拳法で鍛えたせいか若く見える。

　国民党の予備選を経たわけではないが、本命の朱立倫主席より人気が高い。行政院内政部警政署（日本の警察庁長官）、中央警察大学校長（日本の警察大学校長）を経て、新北市の副市長に転身し、朱の後継候補として新北市（台北市より人口が多い）の市長選挙にのぞみ、民進党候補だった蘇《そ》貞昌《ていしょう》（前首相）に圧勝しているのである。

頼清徳

第二章
中国のステルス攻撃と米国の反撃

中学校にまで入り込む中国人スパイ

中国の「ステルス攻撃」、アメリカにおけるスパイ活動は長い歴史を持っている。それは私立中学にも及んでいた。私立の小・中学校のなかで、連邦政府が資金と軍事訓練を提供している学校があり、中国軍と密接な関係にある中国企業が所有している学校が二つあったという指摘は、マイケル・ウォルツ下院議員による。ウォルツは国防総省に対し、国の将来の軍事指導者を輩出する外国所有の私立学校を見直すよう求めた。

ウォルツ下院議員は「私たちが懸念しているのは、次世代のアメリカ人に影響を与えようとする中国共産党の取り組みがあり、米国の私立学校を買収する手段がなされている」などの懸念をあらわにした。

マイケル・ウォルツ

国防総省に対してウォルツ議員の書簡では私立学校のすべての「ジュニア予備役将校訓練隊（JROTC）」プログラムを調査し、それらの学校が外国企業によって所有されているかどうかを調査する必要があるとする。

アメリカの一流大学に勤務する多くの中国人教授が、スパイ活動や中国とのつながりを隠しているのは周知の事実で、中国のスパイの巣「孔子学院」は多くが廃校となった。

とくにハーバード大学とMIT（マサチューセッツ工科大学）が集中して狙われ、高給に釣られて中国へ渡ったアメリカ人学者やエンジニアも夥《おびただ》しい数にのぼる。

日本はどうかといえば大学に浸透した中国人学者がいつのまにか「教授」に納まり、日本人学生に中華史観を吹き込み、メディアでも「論客」扱いされている。まだ一三の大学にある「孔子学院」は野放し。日本人学生が借金してローンを組んで授業料をおさめている傍ら、中国人留学生の特待生には授業料免除ばかりか月額一八万円前後の援助をしている。彼らは中国へ帰ると突然「反日家」になる。

フランスの孔子学院

大学、研修所、シンクタンクならびにハイテク企業に這入り込んだスパイたちは国家機密、特許を盗む任務を帯びているが、アメリカが大甘だった時代には膨大な特許、技術が盗まれた。またハイテク企業に這入り込んだ中国人スパイ、その代理人が夥しい技術を取得して帰国したものだ。

アメリカに帰化していたチョン・ドンファン（音訳不明）はボーイング社で働くエンジニアだった。一九九六年の経済スパイ法に基づいて有罪判決となった初の中国人スパイ摘発だった。チョンはデルタ4ロケット、F15イーグル、B52、CH46、同47ヘリコプターなどの設計機密を盗んだ。

米中経済安全保障検討委員会の米国議会に対する第七回年次報告書（二〇〇九年九月発行）によると、米国政府および企業組織に対する中国のスパイ活動およびサイバー攻撃が夥しいとされた。同委員会が、中国政府がそのコンピュータ・ネットワークの責任の多くを人民解放軍の指揮下に置いており、そのデータを主に軍事目的で使用していると報告した。

二〇〇五年一一月、ロサンゼルスで中国のスパイ組織に関与した疑いで四人を逮捕した。

二〇一五年六月、米国人事管理局は四〇〇万人の記録を狙ったデータ侵害の標的になった。FBI長官のジェームズ・コミー（当時）は一八〇〇万人と上方修正した。

米国政府は企業秘密の盗用を含む大規模な強盗の一環としてEQUIFAXにハッキングし、機密データを略奪したとして、中国人民解放軍のメンバーを起訴した。このデータ侵害では一億四五〇〇万人を超えるアメリカ人の個人記録が侵害された。

二〇二〇年七月、FBIのレイ長官は、中国を米国に対する「最大の長期的脅威」と呼んだ。

「現在捜査中のスパイ約五〇〇〇件の諜報事件のうち、半分が中国だ」とした。

世界中でスパイ網を拡大

カナダ当局は中国人スパイがおよそ一〇〇〇名、配置されていると推定した。

カナダは歴代首相がリベラル左翼、ワシントンより北京に親近感を抱いてきた。

カナダ保安情報局長のリチャード・ファデンは、さまざまなカナダの政治家が州および市レベルで中国の諜報機関と関係があり、一部の政治家が外国政府の影響下にあると主張した。

中国のスパイ活動は従来の軍事情報、政治工作ばかりか、商業、技術機密の窃取に重点を移した。この方面のスパイ活動は既存の諜報組織と異なる活動をしている。主に研究者や学生を採用し、二重スパイを育成する。ステルス・ドラゴンは、ここまでやるのだ。

中国が二〇一七年に制定した「国家情報法」は、中国の諜報機関が「関連機関、組織、および市民に必要な支援、援助、および協力を義務付けている。だからトランプ政権以後、「中国人とみたらスパイと思え」となった。

二〇〇九年、トロント大学のムンク国際研究センターのカナダ人研究者がダライ・ラマの個人事務所のコンピュータを調査したところハッカー発見につながる証拠、大規模なサイバースパイのネットワークの存在を発見した。中国のハッカーは一〇三カ国の政府および民間組織にアクセスしていた。侵入されたコンピュータのなかには、ダライ・ラマ事務所、チベット亡命者組織、それもインドばかりかブリュッセル、ロンドン、ニューヨークのダライ・ラマ関連組織、大使館、外務省、その他の政府機関のコンピュータが含まれていた。

盗まれた文書にはインドのミサイル・システムに関する機密資料、インドのいくつかの州のセキュリティ、西アフリカ、ロシア、中東におけるインドの活動に関する大使館の機密文書が含まれていた。人民解放軍第3技術部所属の中国ハッカー組織は、ダラムサラに拠点を置く中央チベット政権（亡命政権）に大規模で持続的なハッキングを行っていた。

また中国国内においては、イスラム教ウイグル族を識別する顔認識および監視システムはAIを搭載しており、後述するように「ハイクビジョン（杭州海康威視数字技術）」、「ダーファ（浙江大華技術）」などの監視カメラは中国全土で使用されている。両社は英米で使用が禁止され、豪州でも禁止措置がとられる。ところがエクアドル、ジンバブエ、ウズベキスタン、パキスタン、ケニア、アラブ首長国連邦、ベネズエラ、ボリビア、アンゴラ、ドイツなどへ輸出された。

両社はこれまでに技術開発でMIT（マサチューセッツ工科大学）などのアメリカの企業や

大学が提携しており、プリンストン、ロックフェラー財団、カリフォルニア州公務員退職制度が支援していた。

二〇二〇年七月、ドイツの国内情報機関（ＢＩＶ）は年次報告書のなかで、消費者が中国の決済会社やテンセント、アリババなどの他のテクノロジー企業に提供する個人データが、最終的に中国の企業の手に渡る可能性があると警告した。

世界一のハッカー部隊

海外に派遣される、あるいは現地でリクルートされる中国のスパイは国家安全部、公安部、統一戦線工作部、人民解放軍が介在し、戦術は近年洗練され、高等なやり口が顕著になった。ヒューマンタッチではなく、ＩＴ技術に優れた若者はネットを巧妙に操り、敵対的な国の機密情報にリモートでアクセスするというサイバースパイが活動している。

これは従来存在しなかった方法である。以前は女スパイの「くノ一作戦」、ハニー・トラップによる相手国高官、軍幹部から機密を聞き出したり、脅して機密を入手したり、あるいはメディアで活躍する有名学者やオピニオン・リーダーらをカネで釣り上げた。これらは「影響力のある代理人」「自覚のない代理人」などと専門のスパイ用語もあった。いまもハニー・トラップとカネで籠絡《ろうらく》される政治家、ジャーナリストが一番多いのは国家安全保障の感覚が希薄な日本人だろう。

ハッカー部隊の規模も中国が世界一だ。海外派出所も増殖し、世界数十都市に拠点を構築していた。海外派出所は、むしろ海外における中国人監視を任務として、海外華僑の拠点が重複する。党の統一戦線部につながっている。

二〇二一年一月、インドネシアの漁師が水中ドローンを発見した。

中国はインドネシア海域で海底調査を行っていた。同年、中国のハッカーはインドネシアの主要な諜報機関であるインドネシア国家情報局のコンピュータを含む、少なくとも一〇のインドネシア政府省庁の内部ネットワークに侵入した。

二〇二二年七月、インドネシア海軍は三人の外国人を含む六人のスパイ容疑者を逮捕した。うち二人がマレーシア出身で、一人が中国人だった。北セバティック島で機密の海軍基地の写真を所持していた。

シンガポールでは、二〇一七年にリー・クアンユー公共政策大学院の黄靖が国外追放となった。その翌年、シンガポールの医療データが中国のハッカーよってハッキングされた。

韓国ではAPT10（中国軍ダミーのハッカー部隊。「APT」とは長期間にわたりターゲットを分析して攻撃する緻密なハッキング手法を指し、世界のセキュリティ業界では、組織不明のハッカー組織にAPT6、7、8、など数字の名前を付ける）は韓国外務省や防空ミサイルTHAADの配備に関する情報のハッキングを試みた。中国はサムスン電子やSKハイニックスなどの韓国のテクノロジー企業に対して経済スパイ活動を行っていた。

スリランカで働く中国人労働者が、インドを標的とした監視任務のため潜入していた。二〇一九年五月、スリランカ当局は、中国の工作員として行動し、インドとアメリカの機関による復活祭の爆破事件の調査を妨害しようとした疑いで元軍事情報長官を逮捕した。

ヨーロッパでも中国スパイの暗躍ぶりは凄まじい。

人民解放軍戦略支援部隊のハッカーがEU（欧州連合）の通信に使用するコアネットワークを侵害し、何千もの機密文書と外交ケーブルの盗難を可能にしていた。

欧州対外行動局が発表した二〇一九年のレポートによると、EU本部のあるブリュッセルで活動している中国スパイは推定二五〇人とされた。二〇〇八年、ベルギーの法務大臣は、中国政府がベルギー政府に対する電子スパイ活動を行っていると非難し、外務大臣はベルギー連邦議会に法務省のシステムが中国のエージェントによってハッキングされたと報告した。

フランスでは中国のスパイと疑われる事件が数件発生している。何千人もの企業や政府関係者を標的にしていた。とくに二〇一八年一二月、中国スパイがエアバスの機密を標的としていたことがわかった。

モリオ・ド・リル提督は、フランスの海上配備型核抑止力を担当する戦略海洋軍参謀本部があるブレストで、中国人女性とフランス軍人の間で多数の結婚が発生している事実を警告した。

中国のハッカーはEU加盟国のすべてで首相官邸、経済技術省、教育研究省などのコンピュータにスパイウェアを使用していた。

「トロイの木馬」ウイルスが政府システムに挿入され、膨大なデータが人民解放軍の指示により、韓国経由で広州、蘭州、北京に流出していた。

中国の経済スパイ活動により、ドイツは年間二〇〇億から五〇〇億ユーロの損失を被ったとされる。とくに大企業ほどの強力なセキュリティ体制を持たない中小規模の企業が標的とされた。エアバスと鉄鋼メーカーのティッセンクルップが中国のハッカーに攻撃された。

ドイツの政治家や政府高官に関する情報を収集する任務を帯びた中国のハッカーはバイエル、BASF、シーメンス等をハッカー攻撃した。

フィンランド政府は中国のハッキンググループAPT31がフィンランド議会のハッキングに

関与したとした。

二〇〇九年五月、ポーランドの軍事情報サービスの暗号士官、ステファン・ジェロンカが行方不明になった。彼は北大西洋条約機構（NATO）の暗号情報を提供した疑いがあった。ジェロンカの遺体は後にヴィスワ川から回収された。亡命を試みていたのか、自殺したのか、不明のままである。ポーランドでは同様な中国人スパイ事件が頻発した。

オーストラリアでも中国ハッカーの攻撃を受けF35、P8ポセイドン、C30ハーキュリーズ等のデータが盗まれた。

二〇一七年、中国のハッカーがオーストラリア国立大学のコンピュータに侵入し、安全保障研究データが盗まれたとされる。

中国の有力華僑の一人は豪労働党と自由党にそれぞれ二七〇万ドルを寄付し、また労働党ニューサウスウェールズ支部に一〇万ドルの現金を献金していた。

ニュージーランド下院議員のジャン・ヤンは中国のスパイの可能性があるとしてニュージーランド安全保障情報局が捜査したところ、ヤンは空軍工科大学または洛陽人民解放軍外国語大学で教鞭をとっていた経歴を隠していた。

二〇二〇年二月、ニュージーランド当局は三人の中国人を起訴した。華僑コミュニティの親睦会を擬装し、反体制活動家でジャーナリストらを監視していた。

同年九月、中国のデータ企業ゼンファダラ社が、ジャシンダ・アーダーン首相（当時）はじめ七三〇名の政治家、外交官、学者、企業幹部、スポーツ選手、裁判官、詐欺師、およびその家族に関するデータを収集していた。

海外警察派出所の暗躍

日本を含む西側諸国で懸念が拡がるのは中国の土地買いと秘密裏の海外警察「派出所」である。米国の下院議員らは「米軍基地や国内の中国警察の前哨《ぜんしょう》基地の疑いのある中国の資産買収にも近く適切に対処する」として、海外で活動する中国の警察に関しては、「海外に住む中国市民や華僑系のアメリカ人に圧力をかけたり、脅迫したりする中国政府の取り組みも含まれる」。

一九七六年から一〇年間、筆者は貿易商社を経営していたことがあり、取引先の関係から台湾人留学生三人と大陸からの留学生一人の身元保証人を引き受けた。いまと違って留学条件は厳しく、また日本における保証人は納税証明など数枚の書類が必要だった。

台湾が自由選挙に移行したのは一九九六年だが、すでに一九八〇年代には反国民党の「党外雑誌」が堂々と道ばたで売られていた。警察は見て見ぬふりをしていた。飲み屋では反国民党の活動家がよく国民党員と喧嘩をしていたが、なにしろ戒厳令は敷かれたまま、事実上は国民党独裁だった時代の話である。

「留学生のなかに注意人物がいます。つまり留学生の動向を監視、どこかに報告しているので、本当の友人にしか本心は話せない。読書だって何を読んでいるかはわからないようにしている。台湾で禁書扱いの書籍は町の図書館で読むほどですよ」と台湾からの留学生が言った。

台湾ですらそんな時代があった。いま騒いでいる中国の海外における警察派出所なるものは大使館直結ではまずいので、町へ出て民間を装わせているのだろう。

海外警察の拠点は世界に散った華僑たちの出身地別の「同郷会」と連結する。シンガポールでも通りによって金門通りとか厦門《アモイ》通りがあり、ヤンゴンのチャイナタウンは細かな出身地別の同郷会オフィスが軒を並べていて壮観である。

世界的なチャイナタウンの代表格はNYだが、通りによって出身地別の見えない仕分けがされており、また大まかにいえば旧チャイナタウンはマンハッタンのダウンタウン南端からリトルイタリアを呑み込み、ブロードウェイを挟んで対岸ソーホー地区まで拡がった。ここでは中心部が広東勢、そして周りが福建省出身者で占められている。

NYのラガーディア空港に近いフラッシング地区に拓けた新チャイナタウンは近年の移住組が多く、それも共産党を嫌う人々や天安門事件後に移住してきた華人が多い。ちなみに法輪功の拠点はこちらのほうである。

海外警察は中国共産党統一戦線工作部系と国務院華僑事務弁公室の二つの系列がある。世界五四カ国に一一〇カ所。一番古いのはイタリアのプラトーだという。ファッションと皮革製品の町だったプラトーは中国人移民が多数這入り込んできて、気がつけば不法移民も含めて五万人。工場の多くが中国人に乗っ取られた典型例である。

在米中国人はいまや五〇〇万人とまで言われ、「海外警察拠点」は、NYだけでも六カ所、ロスに二カ所のほか、ヒューストン、サンフランシスコ、ソルトレイクシティなどにも。しかも同郷会オフィスが拠点となって、表向きは「自動車免許の更新、弁護士紹介、相互助け合い」など家族親戚ならびに同郷人の絆は強い。地縁・血縁重視は中国人の伝統的な体質である。

FBIが手入れした中国警察海外派出所のNYの拠点は「長楽会」のビルだった。イーストブロードウェイ107番地。筆者の定宿に近いので見知った建物である。福建省の長楽は不法出国のメッカとして知られ、いつぞやはドーバー海峡を越えてきた保冷車で三九名だったかが凍死体で発見された。全員が長楽出身だった。

海外警察は在外中国人の見張りである。ときに反体制派の動向を監視し、人物を割り出すと中国に残る家族を「人質」として帰国をうながすのである。帰国したら最後、収容所へ直行となる。

NYフラッシングで開業していた弁護士の李進進は元天安門事件の活動家だった。二〇二二年三月一四日に殺害された。華字紙によれば中国から殺し屋が派遣されたのだとする。単に痴情のもつれとする説もある。犯人は女性だったからだ。

台湾マフィアの竹連幇《ちくれんほう》が在米作家を暗殺した事件を思い出した。

一九八四年一〇月にロス郊外でおきた「江南事件」とはアメリカ在住の台湾人作家・江南（筆名）が批判的な蔣経国伝を書いたために暗殺された。アメリカ政府は中華民国政府に圧力をかけ、この暗殺事件が台湾民主化のきっかけになったとも言われる。

「民主の壁新聞」（西単の壁）時代のリーダーだった魏京生《ぎきょうせい》は合計一八年も刑務所にぶち込まれた筋金入りの民主活動家。一九九七年にアムネスティなどの圧力で病気治療を理由に渡米し、すでに四半世紀。魏京生は七二歳となった。魏は二〇二二年五月、運転中の前後を車に挟まれ、事故に見せかけての謀殺寸前になったという（博訊新聞網）。

世界的に有名な中国人アーティストのアイ・ウェイウェイは、北京のスタジオがブルドーザで破壊され、所蔵作品数万点が消えたという。アイは現在、ポルトガルにスタジオを建設している。近くロンドンで新作展示会を開催すると意気軒昂《いきけんこう》だが、彼ほどの名声に達しない若い芸術家は制作に干渉を受けているという。

魏京生

二〇二三年一月二六日、上海吉峰書店（有名なランドマーク書店だった）の経営者が店を畳んで米国へ移住したところ、家族が脅迫され帰国する羽目に陥った。
海外警察派出所の暗躍は続いている。

米国の反撃

二〇二三年一月一一日、ＦＢＩはニューヨークの中国秘密警察拠点とされる場所を捜索した。かねて疑惑が持たれていたビルの一室で、受付は鍼灸《しんきゅう》師診察所だった（「ザ・タイムズ・オブ・

インディア」紙、二〇二三年一月二六日)。具体的な手入れの成果も捜索の日時も明らかにされていない。

この中国の海外における警察「派出所」はNY市にあるチャイナタウンの「CHANGLE ASSOSIATION」(米国長楽《チャンルー》公会)ビルの一室だった。同公会は在米華人の福建省長楽市出身者の「親睦団体」とされ、夥しい在米華人の寄付によって運営される非営利団体だ。

二〇二一年のNY市長選ではエリック・アダムス(現市長)に四〇〇〇ドルの献金をしている。このビルの前で中国を糾弾する集会が開催され対中強硬派のギャラガーら連邦議会下院議員三名が出席した。

スペインに拠点を置く人権団体「セイフガード・デフェンダー」によれば、中国の「秘密警察派出所」は世界五四カ国、一一〇カ所に拠点が置かれていて(これまでは五三カ国、一〇二カ所と発表されていた)、主に在留華人の監視、観察をしている。とくに反中国や反習近平を叫ぶ人権活動家、民主活動家を監視している。同報告書によれば、二〇二一年四月から二〇二二年七月までに全世界で二三〇〇〇人の中国人が説得に応じて帰国したとされる。

エリック・アダムス

「越境弾圧」、相手国の主権侵害である。

エジプトなどから「帰国」したウイグル人留学生等は、そのまま収容所直行となった経過は多くのメディアや人権団体の調査で判明している。

また、スパイ撲滅に立ち上がった米国が俎上《そじょう》にあげた中国企業は一〇〇社に近い。二〇二三年に新たにブラックリスト入りしたのがハイクビジョンとダーファだった。英国でも国会議員多数が政府の禁止を求めた。

米英の排斥決定について豪州も続いた。

ハイクビジョンは浙江省杭州が拠点で正社員だけでも四万人。二〇一七年の防犯カメラ市場で三八%を占め、一時はアメリカ軍基地など二〇〇〇カ所に設置されていた。

二〇一七年三月、ダーファのカメラやレコーダーにバックドアが仕掛けられていたことが発覚した。中国へデータが流出していたのだ。二〇一八年にダーファはハイクビジョンに次ぐ世界シェアを占めていた。豪州のリチャード・マールズ国防相兼副首相は、豪国防省の事務所や施設などが「安全で安心」であるために、すべて中国製の監視カメラを除去するとした。豪国防省、外務省、財務省、司法省を含む二五〇以上の政府機関や施設が、ハイクビジョンやダーファ製の監視カメラを九一三台設置していた。

ハイクビジョンとダーファは米国のブラックリストに登録された。両社の監視カメラが新疆《しんきょう》ウイグル自治区のウイグル人を監視していることを理由とした。

ハイクビジョンは「オーストラリア国家安全保障会議に対する脅威であると考えるのは完全に間違っている」とし、「当社の監視カメラはオーストラリアの規制に準拠しており、厳格なセキュリティ基準を順守している」と反論した。が、信じる人は少ない。

リチャード・マールズ

二〇二三年三月一日、在中国米国商工会議所が「中国ビジネス環境調査報告書」（中国語は『美国企業在中国』）を発表した。

中国でビジネスを展開する米国企業の過半数が「中国はもはや主要な投資先またはトップ3の投資先ではない」とし、過去最大の数字を示した。理由は人件費高騰、環境や労働条件の劣悪さに加えてコロナによる工場閉鎖、サプライチェーンの機能不全をあげ、中国に立地する条件は悪化したことをあげた。

同報告書に従うと、在中米国企業のほとんどは中国市場から撤退するつもりはないとしながらも、売上高や利益、中国経済の先行きの暗さと投資環境の冴えない見通し、あまつさえ米中関係がきしみ始め、将来の展望が悲観的だと回答した。

さらに、米下院は二〇二三年二月九日に「中国譴責《けんせき》決議」を採決した。

これは中国スパイ気球に対する批判決議で賛成四一九票、反対〇。決議案そのものは法的効力がないが、強い民意の表れだ。下院は上院より任期が短いため民意に敏感となる。中国スパイ気球の公表から中国譴責決議案が採択されるまでわずか一週間。しかも与野党を超えて全員一致という稀な決議となった。

その中身だが、
一、中国のアメリカに対する公然の主権侵害に抗議する。
二、中国が虚偽の主張で国際社会を欺こうとしていることに対する批判。
三、米政府に対して今後の迅速な反応と再発防止策をうながす。また詳細な説明を要求。
この決議メッセージは「中国は信頼できない国。嘘つき」という明らかな事実を議会が認識したという意味を持つ。

グーグルは中国の宣伝隊＝「ドラゴン・ブリッジ」などの口座を閉鎖

キャシー・マクモリス・ロジャーズ委員長の「エネルギー商業委員会」は、二〇二三年三月二三日に動画共有アプリを提供するTikTok創業者の周受資《しゅうじゅし》を議会に喚問して公聴会を開いた。ロジャーズはオレゴン州選出。九期のベテラン女性議員（共和党）である。

一方、周受資はシンガポール生まれの中国人。ハーバード大学でMBA取得、TikTokの創業でビリオネアとなったが、米国の安全保証にとってTikTokの画像投稿アプリ等が脅威と見なされるようになった。

TikTokは便利だったので一時はトランプ大統領の孫娘も愛用していた。膨大な利用者データや機密情報が中国政府に渡る可能性が強く、米国では州政府や米議会が禁止を打ち出してきた。中国にデータが漏れるという脅威は広く認識され、カンザス知事などは同州政府職員に対し使用を禁じた。

米議会では、中国政府がアプリ利用者の個人情報を不正に入手する懸念が高まり、連邦政府公用端末での使用を禁じる規定を含む法律が二〇二二年一二月に成立している。下院外交委員会は、全米での利用を禁止する法案を上程した。

米国のビッグ・テックにも問題がある。

グーグルは一万二〇〇〇人の従業員を解雇したうえ独禁法違反で巨額の罰金。インドで一・六億ドル、EUからは五億ユーロ。ロシアでは三四五〇万ドルの罰金制裁を受けた。そのグーグルにはネット検閲の「脅威分析チーム」がある。グーグルは中国の宣伝に利用されているとして「スパムフラッグ・ドラゴン」と「ドラゴン・ブリッジ」など五万のユーチューブチャンネルを削除した。

これらはユーチューブのチャンネルを利用して反米親中の政治プロパガンダを繰り返し、習近平のゼロコロナ政策を礼賛し、アメリカの外交は失敗、台湾は中国の不可分の領土などと繰り返し悪質な宣伝を展開してきた。アメリカ国内に「トロイの木馬」を仕掛けられたようなものだった。

とくに「ドラゴン・ブリッジ」のユーチューブの手口は露骨なほど短絡的な政治宣伝だった。ピューリサーチの直近の世論調査で八二%のアメリカ人が中国に好印象を持っていないとの結果があり、議会やグーグルの動きはこうした世論を背景にしている。

二〇二二年六月二八日のロイター電は「サイバーセキュリティー会社マンディアントが公表

した報告書は、中国のビジネス利権にとって障害となる鉱業関連企業を標的にした情報工作活動が展開されていると指摘した。こうした企業への反感を煽るためソーシャルメディアの偽アカウントが使われている」と報じた。

この種の活動チームを専門家の間では「ドラゴン・ブリッジ」のコードネームで呼ぶ。「ドラゴン・ブリッジ」はアドホックなネット・グループで、「コロナウイルス感染症の発生源は米国だ」とすり替えを主張したこともある。

スパイ気球撃墜にしても中国の反論は「間違って領空に入った民間気球であって米国の反応は馬鹿げている」（二〇二三年二月、王毅《おうき》のミュンヘン会議での言い分）。

豪ライナス・レアアース、カナダのアッピア・レアアース・アンド・ウラニウム、米国のUSAレアアースの三社の事業について、環境面や健康面の懸念をかき立てる意図的な投稿が集中し、ユーチューブばかりか、ツイッターとフェイスブックに大量に出回った。

欧米と豪におけるレアアース開発は「環境破壊」につながり「自然環境保護」を求める地元住民の反対運動がおきているなどと過剰で扇動的な映像を中国のスパイたちが流し続けた。環境を完全に棄損し、周囲の自然を破壊し、過酷な労働を強いているのは中国の採掘現場であるにもかかわらず、自国の実態には触れないのである。

中国が民間団体のボランティア活動を装わせて、こうした政治的プロパガンダを西側、とくに豪や米カリフォルニア、欧州の一部（最近はスウェーデンに一〇〇万トンものレアアース埋蔵が確認された）のレアアース鉱山開発に反対する。動機は単純明快、レアアース市場を中国が独占するためだ。

それかあらぬか、フォードはEVカー生産本格化に向けて中国企業「アンペレックス技術」と提携し、三五億ドルを投下してリチウム工場を建設する予定だったが案件は中止と決まった。

台湾を国家承認せよという米下院議員が出現

「中国は大量虐殺を実行し続け、伝染病の発生源を隠蔽《いんぺい》し、何千億もの米国の知的財産を盗み、台湾を脅かしている。私たちは真の侵略に対して前線を築く機会がきた」

そう持論を述べたのは、前述したギャラガー下院議員である。

マッカーシー議長選出で四日を空費した下院は二〇二三年一月九日、「米国と中国共産党との間の戦略的競争に関する特別委員会」設置を圧倒的多数で可決し、「米国に迫り来る脅威をもたらそうとする中国政府の取り組みに対抗する」とした。

ギャラガーは米国上院外交委員会のスタッフ経験を持つ。下院軍事委員会と下院情報委員会のメンバー。ウィスコンシン第八区で二〇一六年以来、圧勝を続けており、民主党候補を寄せ付けない人気を誇る。

彼は米国の公的年金基金が中国に投資すべきかどうか等を含めて中国投資そのものの問題点を検討するとした。台湾防衛で議会をリードする闘士が出現したことになる。

「アメリカは台湾をめぐる戦争で敗北する道を歩みつつある。だがいまからでも路線を見直せる。既存のすぐに手に入る軍事資源の分配を見直し、より効率的な計画を立て、重要な同盟関係をうまく生かせば、アメリカは早ければ二〇二〇年代の半ばまでには、台湾をめぐる戦争を阻止し、必要であれば相手に勝利する能力を手に入れているはずだ。中国共産党の自制心や一〇年以上先にならなければ利用できない技術にかけるのではなく、アメリカの議会と政府は新たな太平洋防衛戦略を遂行しなければならない。『バトルフォース２０２５』を新たに構築すれば、アメリカとその同盟国は、中国の侵攻を短期的に抑止し、必要に応じて撃退できる」

ギャラガーは自ら委員長をつとめる米下院「中国問題委員会」でも、「台湾への米国の武器供与の未処理分を調査する」と述べた。同時に「台湾の未来がウクライナの現在にならないようにするにはどうすればよいか。私たちの委員会での主要なテーマになる」。

もっと前向きの動きが下院議会にでた。

「台湾を正式に独立国家として認め、時代遅れで非生産的な『一つの中国』政策を終わらせるべきだ」とトム・ティファニー下院議員ら一八人の米国議員は書簡を作成した。フィクションで成り立つ現状を変えろと言っているのだ。

「現状を変え、米国政府が何十年も否定してきた現実を認識する時が来ました。台湾は独立国家です」とティファニー議員は発言を続け、「台湾は私たちの長年にわたる大切なパートナーとして、共産主義の中国からの独立を承認するべきだ」。

この決議文はバイデン政権に対し、台湾の国際機関への加盟を支持し、二国間自由貿易協定（FTA）の交渉を行うよう求めている。

二月二一日には台湾の現職外相がワシントン入りし、米国国務省ならびに国防相の高官らと長時間の会合を持った。

トム・ティファニー

米国は「歴史の新たな章を開いた。もはや中国を怒らせることを心配していない」という態度を示したことになる。台湾の外務大臣呉釗燮《ごしょうしょう》、国家安全保障会議の事務総長の顧立雄は蕭《しょう》美琴《びきん》米国代表（大使）を伴って、米国のウェンディ・シャーマン国務副長官、国家安全保障顧問のジョン・ファイナーらと、バージニア州で会談。会談は午前一〇時から午後五時まで続いた。何が議題であったのかは機密。それどころか、この会談があったことさえ米国側は認めていない。

米国側の会議参加者にはダニエル・クリテンブリンク東アジア太平洋問題担当国務次官補、リック・ウォーターズ国務次官補。イーリー・ラトナー国防次官補（インド太平洋安全保障問題担当）。さらに米国国防次官補（中国担当）のマイケル・チェイス、米国国家安全保障会議（NSC）の中国・台湾担当シニア・ディレクターのローラ・ローゼンバーガー、ラッシュ・ドーシ長官。AITのサンドラ・ウドカーク代表も会議に出席した。

国家安全保障、国防、外交関係者が揃って台湾高官との会議に出席したが、ヌーランド次官が呼ばれなかったことを含めて両国関係のレベルが格段に上がったことを意味する。

その前月、一月二七日には、台湾のIMF加盟をうながす法案が米議会に提出された。

「台湾は、米国にとって一〇番目の貿易相手国だ。北京が発言権を抑圧してきたが、台湾はIMFに参加するに値する」

ヨン・キム

と法案提出のヨン・キム議員（共和党：カリフォルニア州）。

米下院金融サービス委員会および外交委員会のメンバーであるヨン・キム下院議員とアル・グリーン米下院議員（共和党：テキサス州）が唱えた「台湾差別禁止法」は国際通貨基金（IMF）理事会の米国代表が、台湾の国際金融機関への加盟をうながし、台湾の経済および金融政策、IMFでの台湾人の雇用機会、および台湾に対するIMFの技術支援とトレーニングの規定に関連する組織の定期的な監視活動へ台湾の参加を求めるのが骨子。

「あまりにも長い間、台湾の自由は抑圧され、中国共産党によって沈黙させられてきた。我々の『台湾差別禁止法』は、この過ちを正すものであり、台湾の声が国際的な金融決定に反映されるようにするものだ」とアル・グリーン議員は提案理由を説明した。

またヨン・キム議員は「自由を愛する同盟国のために議会で常に声高《こわだか》に発言します」とした。キムはベテラン下院議員だったロイス議員の秘書を務め二〇二二年秋に初当選した。彼女は韓国系で、選出されたカリフォルニア第三九区はアジア系移民が多い。

台湾のIMF加盟を促進する法案は二〇二〇年五月にアンソニー・ゴンザレス議員が提出した。二〇二二年一一月にも、ゴンザレスとグリーンは再び同じ目的の法案を提出した。過去二回、下院通過は見送られたものの、米国の強い意志を示すものであろう。

第三章

世界通貨秩序の大変動

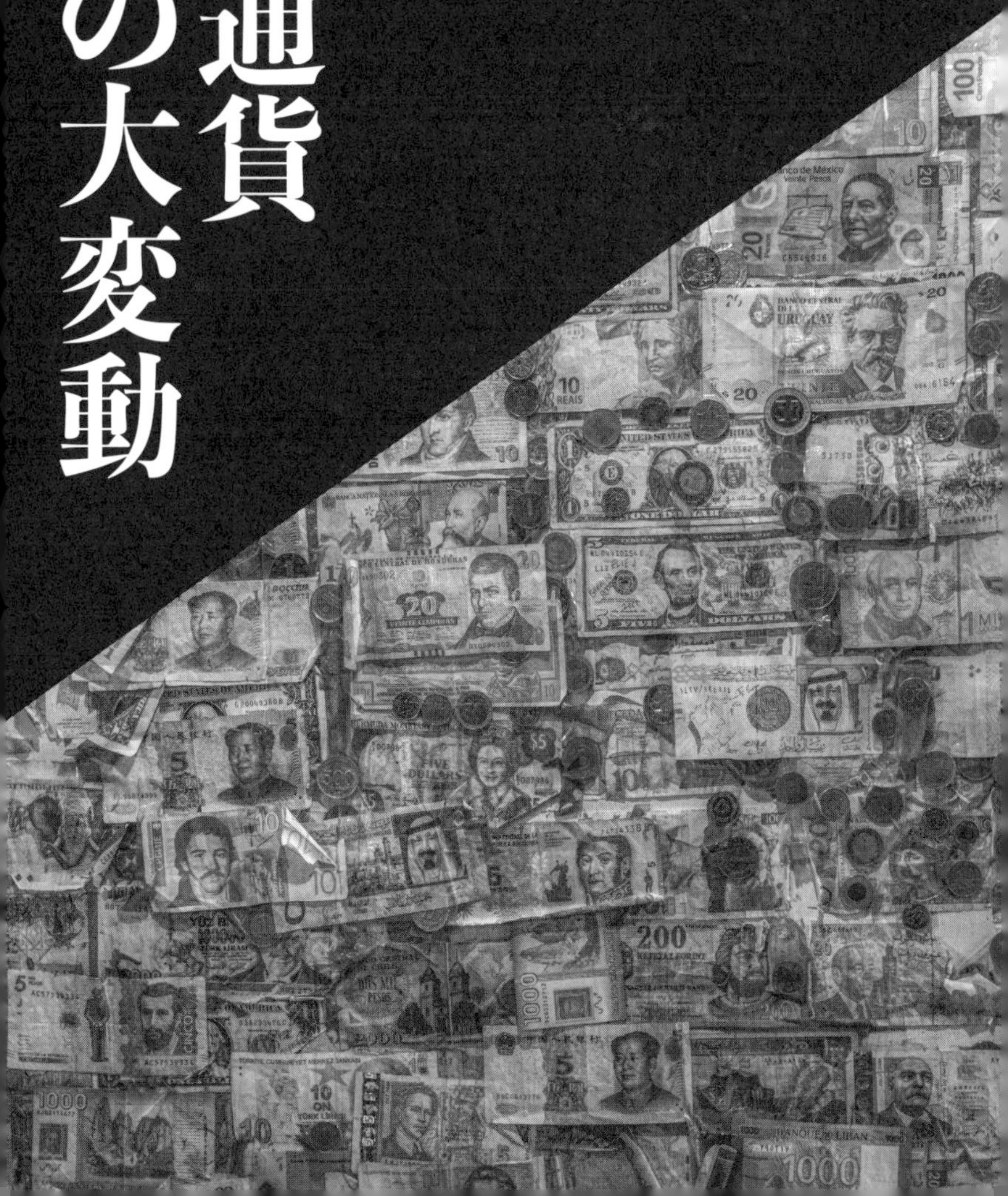

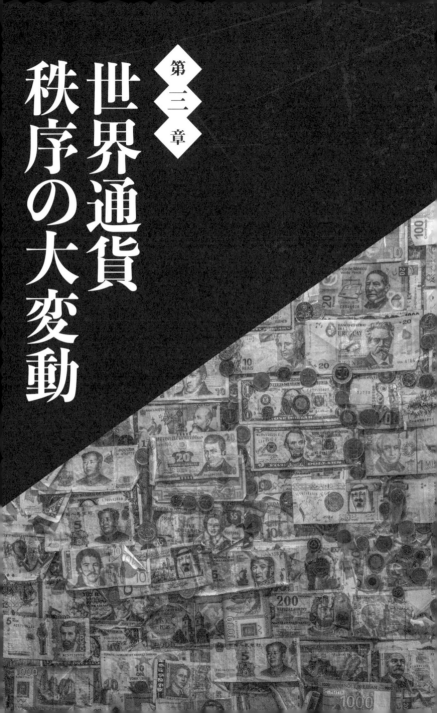

ロシア金融を取り込む中国

ステルス・ドラゴン（潜龍）が水面下で企図している経済戦略とはズバリ、「米ドル基軸体制の転覆」である。

世界の通貨体制を「人民元基軸」に置き換えようとする壮大な野心がある。この二年間でも金備蓄を顕著に増やす一方で、米国債保有を激減させた。中国は着々と準備を整えているのだ。

戦後の世界体制は政治的には国連が中心であり、経済的には「ブレトンウッズ体制」。つまり世銀・ＩＭＦが世界の金融システムを回転させてきた。米ドルが世界の基軸通貨だった。

一九七一年にドルが金本位制度を離れても、ドル基軸体制を強固に支えてきたのはサウジアラビアが石油取り引きをドルに固定し、「ペトロダラー体制」として組み直した貢献が大きかった。

このドル基軸体制を中国は根底から揺らし始めた。ロシアへの金融制裁により、漁夫の利を得て、ほくそ笑んだのは習近平だった。

二〇二三年三月九日、ロシア連邦中央銀行が発表した最新の報告によると、二〇二二年一月の時点では、ロシアの輸出決済の八七％はドルとユーロで行われていたが、翌二〇二三年一月は四八％と約半減した。輸入決済でのドルとユーロの割合は二〇二二年一月の六五％から同年一二月の四六％に低下した。

対照的に、ロシアの輸入の決済における人民元のシェアが二〇二二年一月は四％だったが、同年末は二三％に上昇。またロシアの輸出の決済における人民元シェアも同年一月の〇・五％から同年末の一六％に急上昇した。

これが「国際銀行間通信協会（ＳＷＩＦＴ）」から排除されたロシアが生き延びてこられた実態だ。ＳＷＩＦＴとは約二〇〇カ国・地域から一万超の金融機関などが参加し、決済額は一日平均五兆ドルにのぼる。世界中の高額決済の約半分が行われ、事実上国際決済における標準システムではなかったのか。つまりバイデンのロシア制裁はザル法にすぎない。

この趨勢はさらに変化し、二〇二二年度第３四半期の統計をみると、ロシアの外貨運転資金の四〇％が人民元であり、ロシア国富基金はその六〇％にものぼる。ロシア人は観光ツアーでトルコ、タイ、キプロスなどへ出かける。クレジットカードは使用できないはずだろう？

そのカラクリは中国のスマートフォン決済であるアリペイ、ウィチャットペイの存在である。この二つのカードが中国国内では二三・八兆元もの売上統計があるほどだが、ロシア金融にも中国企業が這入り込んでいるのである。習近平の高笑いが聞こえるようではないか。

第一にロシアの中国からの輸入は全体の四割である。

第二にロシアから西側企業が撤退したが、この穴埋めは中国企業の買いたたきとなった。ファーウェイ、オッポ、小米などの携帯電話が市場を席巻した。

第三にロシアの一四の自動車メーカーのうち、いまや一一社が中国企業と様変わりした。

中東の石油決済が人民元になる可能性

いまのところ中国の仲間はロシアだが、その拡大に余念はない。BRICS諸国と産油国を引きずり込むのが当面の目標であり、世界通貨体制は華夷秩序でなければならないと考えているのだ。この中国の野望に、もしサウジアラビアを筆頭に産油国が応じるとなれば、大規模な通貨戦争に到ることは必至である。

明確な動きがでた。

二〇二二年一二月八日、習近平主席は特別機でリヤド入りした。サウジ皇太子との首脳会談、引き続き湾岸諸国首脳との一連の会議で石油とガスの人民元決済が提議された。表向きの記者会見でサウジ

習近平とプーチン（2015 年）

アラビア外相は「議題にはならない。中国側に『時期尚早である』と伝えた」と述べた。UAE会議では、「一つの中国は認めるが平和的解決を望む」とした。

過去六年間、サウジと中国は水面下で人民元決済の実現性を話し合ってきた。これまでは一笑に付されたが、バイデン政権がサウジと対立するようになったため、米沙関係が急速に冷却化した。

かつてサダム・フセインが大量破壊兵器を保有したという嘘の情報を流して米国はイラクを爆撃し、シーア派を使嗾《しそう》してサダムを吊した。

リビアには内戦を仕掛けてカダフィ大佐を暗殺した。いずれもドルの支払いをやめユーロなどの他通貨に切り替えてペトロダラー体制に正面から挑戦したからとされる。

しかし中沙会談に怒ったのは意外にもイランだった。全体主義仲間同士なのに微妙な点ではお互いいがみあうのだ。

二〇二二年一二月一二日にテヘラン入りした胡春華《こしゅんか》副首相（当時）はイランとの二国間関係発展のため通商・経済使

サダム・フセイン

カダフィ

節団を率いた。

翌日にエビラヒム・ライシ大統領とも会談した。ライシ大統領は、イランと中国の両国関係はイスラム革命以後に拡大してきた経過を評価しつつ、「習近平国家主席が最近行った地域訪問において示した立場の一部はイランの人々や政府の不満や不快につながり、イランは（中国が）表明した立場の補填を真剣に求める」と露骨に不満を述べた。

胡春華は習近平国家主席のメッセージを伝達し、自国の恒久的戦略としての強力な対イラン関係拡大への不変の意志を強調した。また「中国はイランの国家主権と領土保全を尊重しており、基本的国益を保とうとするイランの努力を支持している」とした。

習近平のサウジ訪問が終わってから「第一副首相」レベルで政治局員にも残れなかった胡春華第一副首相をよもやテヘランに送ってくるとは「なめるなよ」というのが本音だろう。

裏返して見ると中国はサウジを重視して米国に露骨に対抗姿勢をとろうとリヤドを訪問し、ここに湾岸諸国首脳を集めて会議を開催し、これみよがしにイランを刺激したことになる。その後、意図的に胡春華をテヘランに送り、あたかも釈明特使の役割をやらせたのは習近平の底

エビラヒム・ライシ

意地の悪さだ。イランはペルシア伝統をひく誇り高い民族であり、イラン大統領が「補填を真剣に求める」とおおやけに発言したことに留意する必要がある。

同年一二月一〇日のイラン現地紙「アーモディィリー」（ペルシア語）が、「台湾が独立するのは合法である」と一面トップで報じた。アラビア文字の媒体のため遅ればせながら同月一五日の「TAIPEI　TIMES」（英文）が大きく報じた。政治力学のレトリックだけれど台湾政府は分析を急いだ。

結果、意外な展開がおきた。中国が仲介してイランとサウジアラビアが関係修復し、国交再開となった。米国が慌てた。

ブラジルとアルゼンチンが反米で共通通貨の創設へ

中露以外にもドル離れに動く国がある。英紙「フィナンシャル・タイムズ」（二〇二三年一月二二日）は「ブラジルとアルゼンチンが『共通通貨』の創設を計画している」と報じた。

アルゼンチンのセルジオ・マッサ経済相は「財政問題から経済規模、中央銀行の役割まで、共通通貨に必要な事項、条件などの研究を開始する」と語った。

アルゼンチンは他のラテンアメリカ諸国が共通通貨プロジェクトに参加するようサミットに招待する段取りで、新通貨は「南（米）」を意味する「シュール」と呼ぶらしい。

つまり「南米版ユーロ」というわけだ。ただし同大臣は「ヨーロッパがユーロを創成したのに三五年かかった」。そうした過去の教訓から、「作業は何年もかかるだろう」と実現性が乏しい現実を示唆した。「しかし、新通貨が地域貿易を促進し、国のドルへの依存を減らすことに役立つと期待される」。

つまりは反米で気勢を上げたということだ。両国は南米で最大の経済を誇るとはいえ、もし実現となると西ドイツ（ブラジル）が、東独（アルゼンチン）を通貨統一して呑み込んだように同じ試みを行うことになる。ブラジルはBRICSグループの一員であり、経済アナリストは二〇二三年のブラジルのGDP成長は低いと予測している。一方、アルゼンチンは何十年にもわたって経済の不安定さに悩まされており、債務不履行は一九八九年以来、八回という「常習犯」。ブラジルはIMFに債務を返済したがアルゼンチンはまだ四〇〇億ドルもの債務を抱えている。

不釣り合いであるうえ地図をみると、両国間にはウルグアイ、パラグアイがあって四カ国で「メルコスル」（地域経済連合）を形成しているが、共通通貨の兼ね合いをどうするのか？　ちなみに日本は二〇二二年一二月のインフレ率が四％（四一年ぶり）と大騒ぎの最中だが、南米にあって一桁はインフレの範疇《はんちゅう》に入らない。

ブラジルは人口が二・二億人。その面積は日本の二二・五倍。しかもカソリック主流で言語はポルトガル語だ。大統領は極左のルーラ（三月に訪中を予定していたが風邪のため延期した。四月に大型訪中団で実現）。

南米の位置図

日本へのブラジル人の出稼ぎはおよそ二〇万人。日系人がブラジルに二〇〇万人強もいる。

アルゼンチンはワインとタンゴと牛肉、フォークランド戦争で英国に敗戦後、軍人政権から民政移管したが政情不安が続き、アルベルト・フェルナンデス大統領も左派。言語はスペイン語でカソリック。人口四六〇〇万人。面積は日本の七・五倍。インフレ率四〇％だから、実は国民はすぐに米ドルに換える。過去に三回通貨切り下げ、新通貨発行を繰り返した。日系人は六・五万人。
この両国の人口、国力、言語の違いなどアンバランスを比較するだけでも共通通貨の実現など非現実的である。

金本位制への復帰はあり得るのか

一九七一年まで米ドルは金兌換《だかん》を公的に約束した通貨だった。ニクソン大統領が金本位制を離脱し、変動相場制に突入後、通貨が金融商品として投機の対象となった。たとえば二〇二二年一〇月一四日の一日だけの取引が一〇〇〇兆円を超えた。為替相場を決める要因は第一に金利、第二に経常収支、第三が政治状況である。世界一低金利の日本の通貨は売られても買われることはない。円安状態が続くのは低金利が最大の要因である。

金利の高い米ドルや人民元に世界の投機資金が流れるのは当然であり、日本の国債人気が低いのは金利が低すぎるからである。

日本経済の自慢だった貿易黒字は資源輸入代金が円安で暴騰したため赤字に転落した。特許収入などで経常収支はかろうじて黒字だが、円高圧力にはならない。

ならば固定相場にし、金本位に戻せばよいと正論を述べると、変動相場裨益《ひえき》組から猛烈な批判を浴びせられる。彼らが市場の多数派である。米国の公的債務は二〇二二年一〇月に三一兆ドルを突破した。赤字国債でまかなっているのだ。

一月に招集された連邦議会はいきなり四日間もマッカーシー下院議員の議長就任で揉め、一四回の投票、共和党保守派と妥協し、ようやく決まった。議長は財政支出のアンバランス、とくにウクライナ支援の削減を共和党内の保守集団が求めたからである。この熱狂的保守グループはトランプ支持の議員団で、前章で紹介した台湾擁護、ウクライナ支援縮小を唱える下院議員メンバーがほとんどだ。

金本位制への復帰議論は一九八一年にレーガン政権が誕生した直後、「金問題委員会」（リーガン財務長官が座長）が設置されて、かなり突っ込んで討議された。しかし「新資本主義」とか「ボーダーレス経済」とか、「グローバリズム」を進めるウォール街が一斉に金本位制復帰を「古くさい」と反駁《はんばく》し立ち消えになった。

アレックス・ムーニー下院議員（共和党：ウェストヴァージニア州）は、「ニクソン大統領の金本位離脱は『暫定措置』であり、従前の法律は有効だ」とする。ガソリン高騰などの物価高、インフレ、失業をもたらしたのも金本位制度から離脱したのが遠因とする。

理論的にいえば通貨は固定制が望ましく為替差損は政府が負うのが経済学の基本だ。

しかしいまでは実態貿易の数十倍もの投機資金が為替相場に投入されており、理論ではなく現実をみると、もし固定制に戻ると仮定したら猛烈な投機がおこるだろう。伝家の宝刀が抜けなくなったのが現状である。

アレックス・ムーニー

金を買いまくる世界の中央銀行

二〇二三年一月三一日、二〇二二年に世界の中央銀行は一一三六トン（七〇〇億ドル相当）の金を購入していたことがワールド・ゴールド・カウンシルの速報でわかった。

一九五〇年以降の統計で二番目に高い純購入額だった。中央銀行による金の純購入額は一三年連続だ。二〇二二年第4四半期には四一七トンの金を準備金に追加したため下半期の合計は八六二トンになり、主な買い手はトルコ、インド、ウズベキスタン等だった。

しかも中国やロシアなど「報告されていない購入」がある。

中国人民銀行は二〇二二年に金準備総額を初めて二〇〇〇トン以上に引き上げた。

二〇二二年の金の投資需要は合計一一〇七トンで、前年比一〇％増加となった。世界の投資家は一二一七トンの金の延べ棒と金貨を購入。西側の投資家はとくに金への欲求が強く、年間記録を更新した。米国とヨーロッパを合わせた金の延べ棒とコインの購入量は四二七トンだった。

産業面での金需要は七％の減少だった。とくにエレクトロニクス部門では二〇二二年第４四半期に前年比一八％減の五八トンだった。

金の供給量は年率で二％増加しており、鉱山の生産量は三六一二トンとなったが、生産量が回復しても最盛期の記録には及んでいない。

かくして中国は金備蓄を激増させ、二〇二三年三月の速報で二〇六八トンとなっている。中国は二〇一五年にまとめて六〇〇トンの金を購入したことがあるが、爾来《じらい》、外貨準備からドルの持ち分を減らし、金備蓄に確実に乗り換えてきた。

また米国債の保有を減らし、一兆ドルを割り込んだ。二〇二二年六月末に保有は九八〇六億ドル（ちなみに日本は一・一兆ドル強）。同年一二月末統計では八六七〇億ドルと、一年間で一七％減らしていた！　金保有は六〇％もの増加ぶりだった。

資源の多極化も顕著で、中国はLNGタンカーを新たに六六隻（約一〇〇億ドル相当）発注していた（「OILPRICE.COM」、二〇二二年一二月一二日）。

げんに一帯一路プロジェクトでは人民元とのスワップを実地している国があり、ロシアからの石油とガスはルーブルと人民元スワップでも行われている。

アメリカは「ペトロダラー体制」に明確な亀裂が入りつつあることを深刻に受け止め、一方で中国企業三〇社を新たにエンティティリストに加えるなど中国制裁に一段と力点を移した。

アウトサイド・マネーによる「新しい世界通貨秩序」

「国際金融界の予言師」と言われるゾルダン・ポズナーはハンガリー人だ。占星術に優れる遊牧の民「マジャール」の末裔《まつえい》かもしれない。ポズナーはかつてニューヨーク連銀、そして米財務省に勤務していた。その後、クレディ・スイスに移りストラテジストを務め、大胆な予測の的中で知られる。

そのポズサーが「新しい世界通貨秩序」に移行する顕著な動きがコモディティ市場に出現し

ており、その「危機のなかに我々はあって、最終的には現在のドル基軸の金融システムは弱体化するだろう」と、主に中国の動きから分析した。

ポイントは「BRICSコイン」、「金兌換人民元」、そしてペトロダラー体制から「ペトロ人民元」と国際金融界ではタブー扱いされている議論である。

第一に前述の習近平のサウジ訪問ならびに同地で開催された中国UAE首脳会議でペトロダラーに替わってペトロ人民元が討議されたことである。表向きサウジの財務大臣が「時期尚早と言った」ということになっている。

第二にBRICSにサウジ、トルコ、エジプト加盟しようとする動きがあり、「BRICSコイン」に結びつかないかという懸念が存在する。

第三にイランに対して中国は向こう二五年の石油輸入の長期契約を交わし、交換条件はイランのインフラ投資に四〇〇〇億ドルを提示した。これはその後のライシ大統領の北京訪問で発表された。

第四にロシアは石油代金決済にルーブル建てを要求したが、裏面でも人民元支払いもゴールドによる決済も認めている。中露貿易で人民元決済は六倍になった。

第五に中国とロシアが金備蓄を異様に積み上げている事態をどう読むか。金に裏打ちされる人民元を準備しているのではないかという国際金融界で囁《ささや》かれ始めた推測の根拠である。

ポズナーは「この危機は一九七一年にリチャード・ニクソン大統領がドルとゴールドの交換を停止して以降、我々が経験してきたものとは違う。

ブレトンウッズ体制はニクソン大統領がドルとゴールドの交換を停止したことで崩壊した」という認識に立ち、「ブレトンウッズ2・0」が、「インサイド・マネー」（本質的には米ドル）に裏付けられたとすれば、「ブレトンウッズ3・0」は、「アウトサイド・マネー」（マネー以外のゴールドや他のコモディティ）に裏付けられるものになると予測する。

リチャード・ニクソン

ただし、現実を眺めると中国経済の成長率鈍化は甚だしく、「ペトロ人民元が五年で実現する」という長期計画は一〇年以後になるのではないか。

二〇二三年三月現在、ＩＭＦの特別引き出し権（ＳＤＲ）の通貨バスケットで人民元需要は一・九％でしかない。

ドル基軸体制に挑戦するデジタル人民元

中国政府のつくり出した「デジタル通貨」も、ドル基軸体制へ正面からの挑戦である。

「マネーはすでにバーチャル化しているかもしれない。クレジットカード、米国のアップルペイ、中国のウィーチャット決済などのアプリを使った支払いでは、紙幣も硬貨も持つ必要がない。しかしこれは通貨を電子的に移動させる手段にすぎない。中国は法定通貨そのものをコンピュータコードに置き換えつつある。ビットコインなどの暗号通貨は、貨幣のデジタル化の可能性を示唆していた。ただし暗号通貨は伝統的な国際金融システムの枠外にあり、政府が発行する貨幣のような法定通貨ではなかった」（「ウォール・ストリート・ジャーナル」二〇二一年四月六日）

デジタル通貨はスイカやパスモ、あるいはドトール・カードようにプリペイドではない。紙幣がデジタルになるのだ。世界のキャッシュレス決済率で韓国と中国はダントツ、現金を使えないという店もでている。西欧、シンガポール、豪州などもキャッシュレス比率は高く先進工業国でいまも現金払いの多い国は日本とドイツくらいである。

中国がデジタル人民元の研究に突入したのは意外に早い。

二〇一四年に中国の中央銀行は専門チームを設置し、二〇一九年には実験を開始するとした。実際に二〇二〇年四月から深圳《しんせん》など四都市で実験を開始し、抽選で五万人に二〇〇元のデジタル人民元を配った。同時に法律面では「人民銀行法改正法」が成立、デジタル通貨を正式に認めたのだ。二〇二三年四月現在、デジタル人民元の実験は広東、昆明、武漢、杭州など中国全土四〇都市で行われている。

中国のデジタル人民元発行の意図は明確である。

かの国は独裁政党がまつりごとのすべてを支配する。中国人民銀行の幹部は「中央集中管理によりマネーロンダリング、麻薬、テロ資金送金を効果的に取り締まれる」と発言したように、すべての資本移動が金融規制当局の監督管理の下で行われるのであり、民間のデジタル金融機関として構想されたアリババ系アントが上場中止に追い込まれたのも、それが最大の理由である。

コロナ拡大なのに欧米ワクチン提供をはねつけ、ファイザーなどのワクチンは「トロイの木馬だ」と言ってのける中国は例外的に一万五〇〇〇本のワクチンをドイツから輸入したが、これらは駐在ドイツ人のためだけに使用される。ようやく中国は米国製ワクチンを受け入れる準備に入った。

しかし中国で何がおきていたか。

日本のドラックストアからルルなどの風邪薬が「爆買い」されて店頭で品薄になった。インドも同様で、この異常な現象を香港、台湾、シンガポールなどの華字紙が大きく伝えた。このような事態にあっても中国ではデジタル人民元の実験は繰り返されている。

ビットコインに前向きなアフリカ諸国

アフリカ諸国がビットコインなどデジタル通貨の普及に前向きな理由は、暗号のマイニングなど複雑な電子工学的理解を深めたからではない。旧英国、フランス、ベルギー、ドイツ、そしてイタリアなど西洋植民地支配へのルサンチマンから「ＩＭＦ・世銀体制からの解放」として暗号通貨を位置づけているからである。背後では中国が煽っている形跡が濃い。アフリカ諸国は、景気のよい中国に期待し、また一帯一路は中国がアフリカの救世主になるという宣伝を信じていた。

二〇二二年一二月五日から七日までガーナのアクラで開催された「アフリカ・ビットコイン

会議」には多くの参加国が馳せ参じた。このうち西海岸諸国の一四カ国は依然としてフランスから通貨管理をされている。それゆえに「限界までテストを重ねる」という総括となり、続いて二〇二三年三月にはナイジェリアで「アフリカ会議ビットコイン」が開催された。

もっとも参加者のなかにはシニカルな批評家も混じり、「雨が降るとガーナでも、コンピュータがダウンする」と電力供給の不安定と通信網の脆弱性、さらにネット上の詐欺、ペテンの横行など障害要因をあげた。

国際貿易で一番詐欺やインチキ信用状が多いのはナイジェリアである。

歴史の古いエチオピアでもビットコイン規制を緩和し、その運用に前向きである。しかしエチオピアも中国からの借金に喘《あえ》いでいる。各国の取り組みには歴然と温度差があるが、中国、ロシアの暗号通貨（資産）への猜疑心《さいぎしん》より、ＩＭＦ・世銀体制ならびにその具体的実践武器であるドル基軸体制への挑戦にアフリカ諸国とＢＲＩＣＳ諸国が引きつけられている。

ＢＲＩＣＳ加盟国ではないが、インドネシアでもビットコインによる資産運用の理解は進んでおり、インドネシア最大のハイテク企業「ＧｏＴｏ」（ゴジェック・トコペディア社）がクリフトマクシマ・コイン社を八三八万ドルで買収し、一〇〇％子会社とした。

ブラジルは金融資源としてデジタル資産形成に前向きで、法定通貨としてビットコインは認めていないものの流通を禁止してはおらず意外に前向きである。

中南米ではエルサルバドルがビットコインの使用を議会で可決し、法定通貨として認めた。このエルサルバドルの決定が反米国家群としての中南米諸国に大いなる刺激となった。

海外の「ステーブルコイン」を解禁した日本

日本の金融庁は二〇二三年から米ドルなど法定通貨と連動する「ステーブルコイン」について、海外発行コインの国内流通を解禁するとした。

ステーブルコインは仮想通貨の一種で、価格の安定を目的として法定通貨などにペッグされている資産保全や送金上限を設定し、取り扱いを認めることになる。ステーブルコインを使った決済が拡がれば国際送金が早くて安価になる。流通にあたってマネーロンダリング（資金洗浄）、ギャング団やテロリストへの送金対策が強化される。

ステーブルコインには、その代価の裏付けを固定した（1）「法定通貨担保型」、ギャンブルに似た（2）「仮想通貨担保型」、マニアックな（3）「アルゴリズム型」などに分類されている。各国でステーブルコインに対する法規制の議論が進められている。

法定通貨と比べて従来の仮想通貨は価値が不安定であり、実用性に乏しい欠点があった。

ステーブルコインは法定通貨などに連動し発行金額が担保される「法定通貨担保型」が有力で、テザー、USDコイン、バイナンスがある。香港ドルは発券銀行が当局に発券額のドルを預託するので堅実な通貨として国際間に信用があるように、法廷通貨担保型は仕組み的に金本位制に近い。

仮想通貨担保型は、さまざまな仮想通貨が価値を裏付ける担保となっているが、法定通貨よりも価格変動が大きい。担保にできる仮想通貨はいくつかある。たとえば「イーサリアム」を担保にするなら担保比率は最低でも一三〇％に設定されている（ここで仮想通貨と書いたが、国際的には「暗号通貨」と表示されている。日本だけがいまだに「仮想通貨」と表記している）。

アルゴリズム型（無担保型）は、価値を裏付ける担保資産を用意することなく発行されるステーブルコインだ。したがって担保があるコインと比べて価格のコントロールが難しく、システムを維持できなくなる「事件」も頻発している。

システムが崩壊した代表例が、ステーブルコイン「テラ」であり、二〇二二年五月に米ドルとのペッグが外れて大暴落をおこした。逃亡したCEOのド・クオン（韓国人）は二〇二三年三月下旬にモンテネグロで逮捕された。

日本では他国に先んじるかたちで二〇二二年六月にステーブルコインへの規制を含む改正資金決済法が成立した。

法改正の重要なポイントは法定通貨担保型で、発行できる者が「銀行・資金移動業者・信託会社」に限定され、取引の仲介は「電子決済手段等取引業者」でなければできないこととなった。今後、各国で法規制が実施されれば、それに対応できないものもでてくるだろう。数多いステーブルコインのなかでもシステムが脆弱なものや、環境の変化に順応できないもの、需要を獲得できないものは自然淘汰される。

安全で安価な金融サービスへのアクセス

先進国はデジタル通貨をいかに扱うかで調査を開始し、中央銀行はブロックチェーン方式が検討に値するとした。

二〇二二年三月、バイデン大統領は米財務省に「中央銀行デジタル通貨（ＣＢＤＣ）がもたらすリスクとメリット」について報告するよう大統領令に署名した。目的として「消費者と投資家の保護」、「金融システムの安定」、「不正資金対策」、そして国際システムにおける米国のリーダーシップ、その経済競争力、イノベーションをあげた。

とくに注目すべきは財務省試案の第四条である。

「米国中央銀行デジタル通貨の政策に関して、（a）米国CBDCの管理のあり方、（b）報告書の提出、（c）FRB議長の調査・報告の継続、（d）司法長官のCBDCの報告」に分かれる。

その第五条は「消費者、投資家、企業保護」で、デジタル資産の取引所や取引プラットフォームの利用増加は、詐欺や盗難などの犯罪、その他の法令違反、プライバシーやデータの侵害、不公正で乱暴な行為や慣行、消費者や投資家、企業が直面するその他のサイバー事件のリスクを増加させる可能性があり、デジタル資産利用が増加し、地域（国々）によって違いがあるため、情報に疎《うと》い市場参加者に格差のある金融リスクをもたらし、不公平を悪化させる可能性がある（FTX倒産がそのことを証明した）。

消費者、投資家、企業に不当なリスクを与えないようにし、安全で安価な金融サービスへのアクセスを拡大する努力の一環として、保護策を講じることが重要とした。

第六条は金融安定化の促進、システミックリスクの軽減、市場の健全性の強化のための行動を定義しSEC、CFTC、およびCFPBと連邦銀行機関を含む金融規制当局は、金融システムの完全性を保護し、促進するシステム全体の保護を確立し、監督するうえで重要な役割を担う。

米国は、デジタル資産が金融の安定と金融市場の整合性に与えるリスクを評価し、対策を講じる必要があるとした。

第七条では金融および国家安全保障上のリスクを制限するため悪用される可能性、とくにランサムウエアを指摘した。

第八条は国際協力と米国の競争力強化政策に言及し、金融イノベーションの国際性、リーダーシップ、とりわけG7の重要性が指摘された。

司法省報告書は、犯罪者が不正な活動を進め、その収益を隠すために暗号通貨（資産）の利用が増えた事実を指摘し、取引を追跡し不正な利益を押収するための「暗号通貨執行フレームワーク」を発表した。

司法省報告書は「悪意のある行為者による暗号通貨の不正利用のカテゴリー」を年代順に説明した。

「デジタル資産に関する犯罪行為の探知・捜査・起訴における法執行の役割の強化法」は「デジタル資産取引プラットフォームやサービスプロバイダーに対するコンプライアンス執行の欠如と相まって、犯罪者が規制基準や執行がより強固でない管轄区域から米国や国際金融システムをリスクにさらした。このため国境を越えた協力が重要である。

マネーロンダリング・テロ資金供与対策規制の管轄区域間のギャップは、国際金融システムの安全と安定を脅かすだけでなく、犯罪者が管轄区域間の規制の不整合、あるいは場合によっては規制や監督の完全欠如を利用した「管轄区域の裁定」に関与する機会を生み出すことにもなる。

リスクが高い暗号通貨

米国財務省は、不正金融リスク、消費者・投資家保護、貨幣・決済システムの将来に関する三つの報告書を発表した。

第一は「不正資金報告書」だ。米国財務省「デジタル資産の流動性資金調達リスクに対処するための行動計画」と呼ばれる。既存のマネーロンダリング防止（AML）およびテロ資金調達対策（CFT）体制との不整合を指摘した。

脅威として考えられる行為はマネーロンダリング、規制逃れ、テロリスト資金があげられ、国家間に緊密な連携が認められない現実、匿名性を防ぐにはサービス業者登録とコンプライアンス義務などがあげられた。

第二に「消費者保護に関する報告書」では「消費者・投資家・企業への含意」について暗号

資産市場、関連する潜在的リスクを検討した。暗号資産が現在、消費者や投資家の活動になっている事実。昨今は暗号資産や暗号活動の種類や数が増加しており、主に他の暗号資産の取引、貸し借りに使用されている。消費者や投資家は、透明性の欠如や暗号資産が急速に発展しているがゆえに暗号資産エコシステムにおける不適切な行為にさらされている。

運用の失敗、市場の操作、詐欺、なりすまし、スキャン等が頻繁に発生している。関連機関が既存の権限を用いて暗号資産分野に関連するリスクに対処する必要を強調した。

第三に財務省は「貨幣と決済の未来報告書」を作成し、「貨幣・決済システムの将来」とは現行通貨制度を見直す一方で、民間発行の安定コインや中央銀行デジタル通貨（ＣＢＤＣ）について対応策を検討している。

将来の通貨と決済の構築、米国のグローバル金融のリーダーシップの支援、金融包摂と公平性の促進、リスクの最小化に関する公共政策の検討という観点から米国中央銀行デジタル通貨の設計の選択肢についての検討である。

「貨幣は、会計単位、交換媒体、価値貯蔵という三つの中核的な機能を果たすが、貨幣には、主に中央銀行の責任である公的貨幣と、民間の媒介者の責任である私的貨幣があること、決済システムはお金を移動させることであり、消費者や企業は、通常、小額の取引にリテール決済システムを使用し、銀行やその他の金融機関は大きな金額取引の決済システムを使用している。中央銀行は、通貨システムの中心にある。銀行間決済を支え、より広範な決済システムの基幹として機能する。連邦準備銀行は、通貨と準備金の残高を提供し、決済システムを運営し、民間貨幣の発行や決済を行う特定の媒介者を監督している。通貨と決済システムが進化しても、経済成長、効率、その他の公共の利益を促進するために、最終決済における中央銀行の役割は維持されなければならない」

これらの報告者を読んで、将来のデジタル通貨に対して、米国の政権中枢でも依然として曖昧な対応しかなされていない実態がわかる。中国のようにはっきりと一元管理を謳えない。隙を突かれて暗号通貨がハッカーによりごっそりと強奪されるリスクはむしろ高まっている。

通貨発行権に関する国家主権の二元化という脅威に、システムの安定化以上に深刻な問題に対して、いかになすべきかの決断はいささかも述べられていないのである。

北朝鮮のハッカー部隊を誰が操っているのか

現《げん》に、北朝鮮のサイバー部隊は、ハッカー攻撃により、世界を食い荒らしている。その仕組みはこうである。

北朝鮮のハッカー部隊が、フィッシングで釣り上げた銀行などの個人口座から、標的とする口座などの暗号コードを読み取り、慎重に準備を重ね、想定外の手口を行使して大金をだまし取り、ＳＷＩＦＴを利用して、巧妙に外国の口座に分散し、さらにとんでもない方向違いの国のＡＴＭから現金を下ろし、それをカジノで資金洗浄を行い、チップに換えてマカオで現金化し、北に運ばれ、最終的には核兵器開発と長距離弾道ミサイル開発の軍資金に回される。

中核部隊はラザルス・グループである。

「始めのうちこそ侵入したウェブサイトの改竄《かいざん》程度だったが、怖ろしいほどの短期間でレベルを向上させている」

（ジェフ・ホワイト、秋山勝訳『ラザルス』、草思社）

なぜこれほど短時日裡にハッカーの腕を磨き、技術を習得できたのか。産業の裾野が欠落し、理工系の人材に乏しい国が、どうやってアメリカに届く弾道ミサイルを開発できたのかという謎と同様に不思議なことである。

冷戦時代、北はソ連から技術者を招聘《しょうへい》し、軍備を整え

WANTED
BY THE FBI

PARK JIN HYOK

Conspiracy to Commit Wire Fraud; Conspiracy to Commit Computer-Related Fraud (Computer Intrusion)

DESCRIPTION

Aliases: Pak Jin Hek, Jin Hyok Park

Place of Birth: Democratic People's Republic of Korea (North Korea)　Hair: Black

Eyes: Brown　Sex: Male

Race: Asian　Languages: English, Korean

REMARKS

Park attended the Kim Chaek University of Technology in Pyongyang, North Korea. He is a North Korean citizen last known to be in North Korea. Park has traveled to China in the past and conducted legitimate IT work under the front company "Chosun Expo" or the Korean Expo Joint Venture in addition to activities conducted on behalf of North Korea's Reconnaissance General Bureau.

CAUTION

Park Jin Hyok is allegedly a North Korean computer programmer who is part of a state-sponsored hacking organization responsible for some of the costliest computer intrusions in history, including the cyber attack on Sony Pictures Entertainment, a series of attacks targeting banks across the world that collectively attempted to steal more than one billion dollars, and the WannaCry ransomware attack that affected tens of thousands of computer systems across the globe.

Park was alleged to be a participant in a wide-ranging criminal conspiracy undertaken by a group of hackers employed by a company that was operated by the North Korean government. The front company - Chosun Expo Joint Venture, also known as Korea Expo Joint Venture - was affiliated with Lab 110, one of the North Korean government's hacking organizations. That hacking group is what some private cybersecurity researchers have labeled the "Lazarus Group." On June 8, 2018, a federal arrest warrant was issued for Park Jin Hyok in the United States District Court, Central District of California, after he was charged with one count of conspiracy to commit wire fraud and one count of conspiracy to commit computer-related fraud (computer intrusion).

If you have any information concerning this person, please contact your local FBI office or the nearest American Embassy or Consulate.

ラザルス・グループのFBIの手配書

たが、朝鮮戦争以後は中国を頼り、やがてはウクライナから軍事エンジニアを呼び込んできた。しかし核兵器やミサイル開発には膨大な費用がかかる。このファイナンスをどうしたか。そこで考案されたのがハッカーによって脅迫し身代金を取るランサムウエアと、ネット上における銀行からの強奪だった。

ハリウッド映画、国立銀行、医療機関などを攻撃目標として、ラザルスは「正体を隠したままターゲットに侵入できる」技量を磨いた。彼らが現在挑んでいるのはビットコインなどの暗号通貨であり、世界最大の暗号通貨取引は中国人が経営する「バイナンス」だ。登記上の本社はドバイだが、事実上の本社所在地は不明なのである。

三月二七日、米商品先物取引委員会（CFTC）は、バイナンスのCEOを提訴した。暗号通貨の交換業大手FTXは、暗号通貨への投機で世界一だったが数十億ドルが消えた。真相は不明だが、ひょっとしてラザルスが強奪したのではないかと疑う向きがある。

一昔前の銀行強盗は銃撃戦となる場合が多く、犯人側にも犠牲がでた。こうした荒っぽい手口は減った。次なる新手は精巧なドル紙幣の偽札だった。印刷機、紙幣の原料、インクを北朝鮮はどうやって手に入れたのか？　北の偽ドル札の印刷機はイタリアのジノリ社製だった。流通と闇市場での両替に日本赤軍が絡んだ事件を記憶する人も多いだろう。

次に機関銃を撃ちまくらなくても、コンピュータを使って、大金を盗める時代となった。その「先端技術」を習得したのは中国で、それに学んだ北のハッカー部隊だった。発電所や病院にハッキングを仕掛けて、恐喝し、次々に身代金をせしめた。

北朝鮮はハッカー軍団を組織して、数学に強い若者を育成、特訓した。場所は中国遼寧省の丹東と瀋陽だった。北朝鮮が経営するホテルが最先端基地だった。最初から中国の関与が濃厚なのである。

バングラデシュの銀行から一〇億ドルをまんまと抜き取り、ＳＷＩＦＴ経由でニューヨークの決済銀行から、次はマニラに送金。ここで運び屋たちが雇われ、さらにカジノで洗浄された。

ＳＷＩＦＴが異状に気がつくのが遅れたのは各国との時差だった。犯行が休日やＮＹの業務時間との時差を巧妙に計測し、時間をかけたプログラムで作戦は遂行された。それでも送金システムには幾重ものセキュリティがあり、結局、ＳＷＩＦＴの防御で九億ドルは未送金に終わり、一億ドルが消えた。

最後にマカオで浮かび上がった運び屋の容疑者は二人の中国籍のヤクザだった。またパチンコ産業に関わる「日本籍」の怪しげな人間が折にふれ登場する。「トミヤマタカシ」とか「ササキタダシ」等の偽名が使われた。またＪＩＣＡの公式便箋を偽造したが、間抜けなことにスペルが間違っていて詐欺が見抜かれたこともあった。

日本には数十万人の在日がいる。金賢姫《キムヒョンヒ》が日本人パスポートを所持し、大韓航空機爆破犯人を日本人に見せかけようとした手口を多くの読者は思い出すことだろう。

日本政府が初めて公式見解として北朝鮮のラザルスの脅威を警告したのは二〇二二年一〇月だった。

金融庁と警察庁、内閣サイバーセキュリティセンター（NSC）が連名で「暗号資産関連事業者を標的としたサイバー攻撃」を警告し、同年一一月に国家公安委員長が「ラザルスと呼称されるサイバー攻撃グループが、日本の暗号資産関連事業者等を標的としたサイバー攻撃を行った」と名指しで記者会見を行った。だが、背後にある某国に関しては一切が闇である。

第四章

「親中国家」の地政学

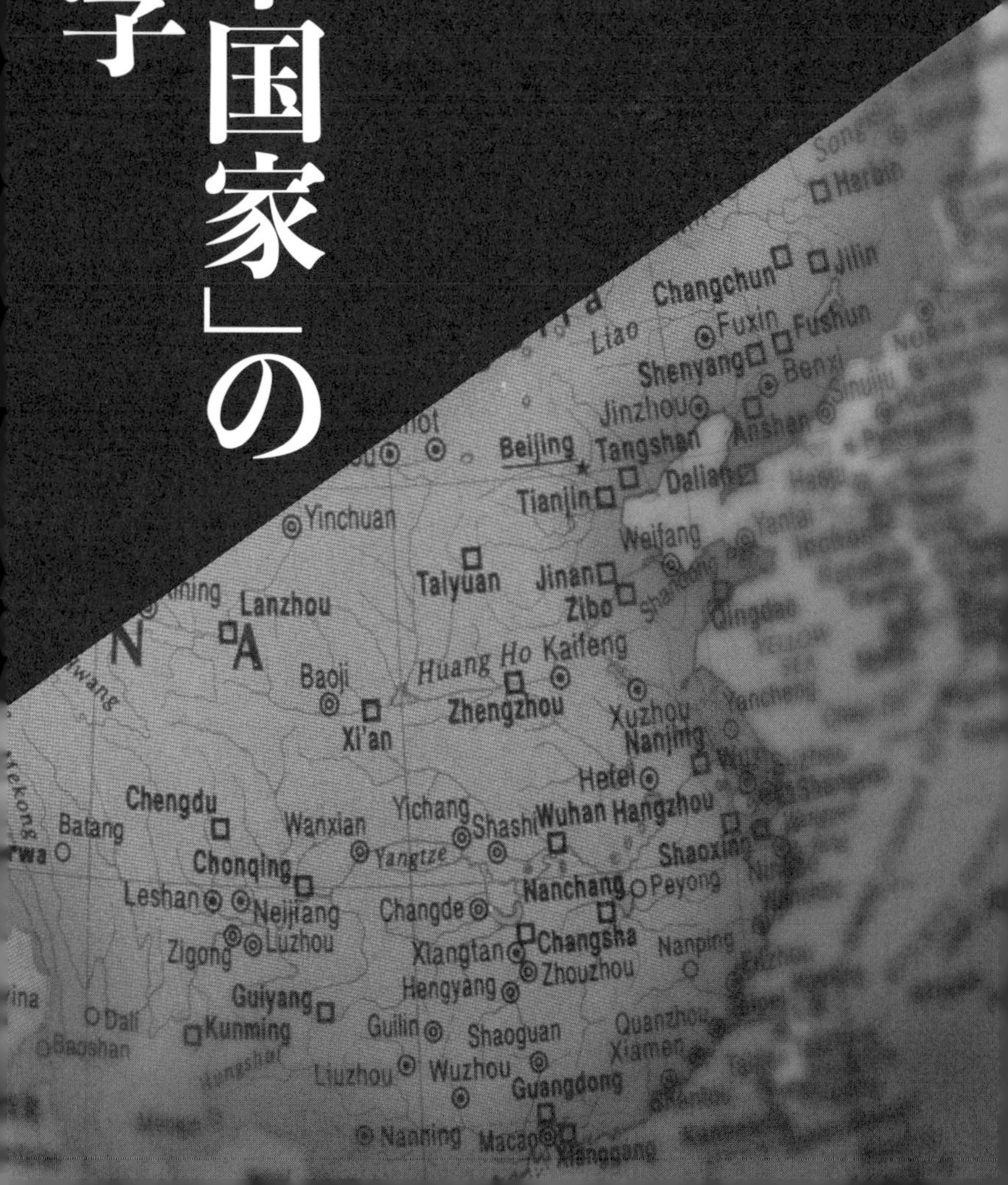

龍の尻尾から振り落とされ墜落死

藤枝静男（谷崎潤一郎賞受賞作家）に「龍の昇天と河童の墜落」という短編小説がある（初出は「近代文学」昭和二五年八月号。再録は「季刊文化」令和五年春季号）。

昔、昔の大昔、遠州の気多川の淵に龍が棲んでいたところから始まる。

「蛤、亀乃至河童が、水鳥の跡、または龍の尻尾に便乗して昇天するが、下界の仲間を嘲笑しようとして口を開いたが為に墜落惨死する、めでたしめでたし」という説話はよく知られた。

龍は山に千年、海に千年、河に千年棲み、その先は天に昇る。

遠州に棲んだ龍は寝転んで横着を決め込むうちに大鰻に変身したので紀州などを泳ぎ、真っ暗闇の海底で寝ていた。千年が経って鰻はまた龍に戻った。遠州灘を横切って或る邑《むら》の川の深い淵に身を休ませた。近くに生息していた河童が挨拶にやって来た。河童は平均寿命が二〇年で、それも一二代目となると村人たちに龍神様がいるが、俺が連れてきたのだと言いふらし、そうこうしているうちに「河童の大将は六百八十代目となり龍がこの淵にすみついてから九百九十九年目となった」とさ。

龍は生まれてから三〇〇〇年になるので、いよいよ天に昇る日が近いことを認識する。

河童は同行を願いでた。黒雲が湧く嵐の日、河童は天に向かって猛スピードでかけ登る龍にしがみついた。

竜宮城へ行けると思い込んでいる河童は「何処へ行くのか知らない」という龍の言葉に愕然とし、「地上に降りる」と言って手を離した。結果は無残に死ぬしかない。

この寓話はじつに様々なヒントを含んでいる。

第一に龍は長生きするが自分で運命を切り拓くことができない。その龍に依存すると悲惨な目に遭うことになる。まさに皇帝のシンボルが龍である。習近平が何をしでかすかわからないため中国がどこに着地しようとしているのか、国民は知らない。

第二に中国のプロジェクトに経済開発を依存させた国々はデフォルトとなった。以前より酷い貧困に悩まされる。スリランカもパキスタンもアフリカ諸国も。

第三は龍を新興企業に喩えると、不動産ブームであてた恒大集団、碧桂園、世茂集団などデフォルトか沈没で、いまや見る影もないが、マンション投資が儲かると言われて大金を投資した人は借金の山にうちひしがれている。

日本のリゾートを買収し破竹の勢いにあった復星集団も経営危機。「チャイナ・ルネッサンス・ホールディングス（華興資本）」のＣＥＯ、包凡が二〇二三年二月一六日に行方不明になったと発表された、同社株価は五〇％の暴落を演じた。これは「第二のジャック・マー事件」なのか？　何が習近平を怒らせたのか。

アリババは金融子会社アントの上場を延期（事実上中止）させられ、膨大な罰金を取られ、ジャック・マーは海外へ逃れた。スペイン、オランダを経て日本に半年ほど滞在したが、流浪の身となった。

二〇一五年に復星集団のCEOら五名が行方不明となった。復星集団は一九九二年に上海で郭広昌ら復旦大学卒業生五人により設立された。製薬、不動産などに多角化。保険、投資、資産運用管理ビジネスを展開してきた。日本の不動産買い占めでも名を馳せたが、フランスやギリシアのリゾート開発にも手を出して四〇〇〇億円の不払いが生じ、以後は資産売却を続けてきた。

ところが郭広昌は、その後の情報では自宅に戻り、「上海で司法機関の調査に協力している」と発表された。

チャイナ・ルネッサンスは従業員七〇〇名を抱える投資集団で「滴々」「美団」「CTrip」、「JD（京東集団）」などの株式上場幹事として世界的な名を馳せた。言うならば「中国版ゴールドマンサックス」というところか。

包凡はクレディ・スイス銀行からJPモルガン証券で修行し、二〇一五年に独立、その後は破竹の進撃を続けてきた。こうした投資家たちも墜落死の河童に似ている。第四に文化、創造性が龍にはないという基本の欠陥である。

唐の時代、『唐詩選』に見られるように李白、杜甫、白楽天らが現れ、宋の時代には書、絵画が世界的な芸術性を誇った。

いまは様変わりとなった。独創的芸術は全体主義体制からは生まれない。

日本製品を偽造

「ヤマグチ・エレクトロニクス・ソリューションズ」なる会社が、「日本の業界トップ」と謳ってロシアで豪華マッサージチェアを販売している。ところがこの会社、日本には存在しない。たしかに山口県の椅子は世界的なブランドだが、そのイメージを悪用して中国企業が製造しているのだ。「偽ヤマグチ」は一九九四年から「コバヤシ」という人物が社長で、「山口電子科技（電は中国の簡体字）」と社印が彫られている。

自動車エアバックもホンダなどの偽物が大量に出回っている。これも中国で製造され、日本経由で米国へ輸出してきた。クルマの事故につながりかねず、日本の税関は容疑者を逮捕した。

かつて海南島は偽の本田バイク生産の拠点だった。あまりのことに本田は、その海南島企業を買収した。

日本製品を偽造する模造品文化は中国の特徴であり、同時にグッチ、オメガ、ルイヴィトンなどの偽物を手広く製造販売している。なかんずく、グッチなどの皮革製品はイタリアのプラトーで、中国人経営の工場で製造されている。

かつては明治粉ミルクの中国製偽物が出回り、中国人が日本のデパートに買い占めに来ていた。あるとき正価販売のカルティエ時計を有名デパートで買う中国人がいたので、聞いたことがある。「香港など出国する空港免税店で買えば為替差損もなく安いのに?」。するとその中国人はこう答えた。「高くても、まさか日本の有名デパートは偽物を売らないでしょう」

コロナワクチンの偽物も大量につくられたが、三共胃腸薬や武田の風邪薬も、爆買い集団の日本におけるリストに入っていた。インドのジェネリックは世界的に有名だ。バイデン政権が早々と承認し、日本も二〇二二年師走に例外的緊急措置として認めたのがファイザーの「パキシロイド」(日本では「パキロビッド」)。経口の抗ウイルス治療薬だ。

インドはジェネリックで四つの抗ウイルス治療薬を製造販売に踏み切った。ファイザーのパキシロイドのジェネリックは「primovir」と「paxista」。モルニピラビルのジェネリックは「ｍｏｌｎｕｈａｔ」と「ｍｏ・ｉｎｅｔｒ・ｉｓｕ」。

年初来、インドのドラッグストアに異変がおきた。大量の爆買いが発生し、売り切れ店が続出し、早朝から並んでも買えない。闇で価格は数倍に跳ね上がり、インド当局は「偽物に注意するように」と呼びかけた（「ザ・タイムズ・オブ・インディア」、二〇二三年一月九日）。

言うまでもないが買い物客の主体は中国人である。その中国がゼロコロナ対策を一変し、外国人の入国に検査をしない、隔離もしない措置をとって外人観光客を受け入れ始めた。「どういう神経だろう？」と世界は常識に基づいた判断をする。逆に水際作戦を強化した日本と韓国に対して「中国入国ビザ」の発給を止めるという嫌がらせを行って、さすがの日本政府も抗議した。

かように現在の中国に創造的芸術はない。龍は芸術家も食い殺すからだろう。多くのアーティストは海外へ出た。事実上の亡命である。

動きだしたエネルギー地政学

龍の尻尾にしがみついた国々はどうなるのか。

第三章で述べたようにドルとの送金取引を制裁されているロシア通貨ルーブルは意外と健在で暴落の危機は去った。ロシアは米ドルを「毒通貨」と言い換え始めた。

ロシアは外貨準備の一七％を人民元とした。これだけでも一八〇〇億ドル分に相当する。そのうえロシア企業が人民元建て社債の起債に踏み切った。ロスネフチが一五〇億人民元を起債、POLYUSが四六億人民元、ルカルが二〇億人民元を起債した。

イランはロシアへかなりの数のドローンを輸出した。代金決済はゴールドだった可能性がある。

二〇二三年二月二四日、独誌「シュピーゲル」によればロシアは中国にAI搭載ドローンを一〇〇機発注したという。ロシアは「カミカゼ無人機」導入をめぐって中国の「西安冰果智能航空科技」と交渉中と報じ、「二〇二三年四月までに一〇〇台のドローン」を輸出するとした。同社はAI搭載軍事ドローンを製造する中堅企業で、軍の経営が云々される。ドイツにも支店があるので、情報漏れか、あるいはブリンケン国務長官が否定したようにフェイクニュースなのか。

サウジは米ドル離れを加速させようとしているが、すでにUAEは外貨準備にルーブル、人民元のほか、トルコリラも含めた。

カタールはガスの輸出代金決済で人民元での取引に応じ、ガーナはサウジへ石油決済にゴールドを用い始めた。

対照的に、龍の尻尾にしがみつかない国の典型がイスラエルである。とくにイスラエルの沖合で油田が発見されて以降、エネルギーが自給できるようになり自由度が増したのだ。米国の動きを横目に見ながらサウジとの関係改善に水面下で動いていた。

従来イスラエルには資源がないとされた。二〇〇九年ごろから地中海の海底油田の試掘が米国企業を中心に進み、タマル油田、タニン油田、カリシェ油田。そして最大六二〇億バレルの埋蔵が予測されるリバイアサン油田の稼働が本格化してきた。

これにより産油国との関係が劇的に変わった。二〇二〇年八月にトランプ大統領の仲介で「アブラハム合意」をUAEと締結。バーレーンも加わった。エジプト、ヨルダンとの和平合意はそれ以前に成立しており、二〇二二年一〇月二六日にレバノンとの間で海上国境協定が締結された。イスラエル沖合の海底油田からは三本のパイプラインが敷設されており、一部はエジプトへ輸出され、さらにヨーロッパへ再輸出される。近未来に欧州への輸出が軌道に乗ると、エネルギー貿易が黒字化する。

ほかにイスラエルに陸揚げされる石油とガスは南のエイラートへ既存のパイプラインを修理すれば運送が可能になり、三五万トン級のタンカーで将来的にはスエズ運河を越えて南アジアへのルートも検討されているという。イスラエル国内ではネゲブ砂漠の北に膨大なシェールガス埋蔵も確認されている。かくしてイスラエルがガス輸出国に。追加の原油埋蔵も確認、発掘が続く。地中海の海域はEEZが入り組んでおり関与国はエジプト、レバノン、トルコ、そしてキプロスとの海の鉱区の区割りが政治課題だった。

米国は民主党政権となり、左翼過激派が環境保護だと言って騒ぐので、シェールガスやオイルの開発が中断され、レアアース鉱山開発もできなくなった。米国の石油備蓄は七億バレルから四億バレルに激減した。国家備蓄を放出したからである。

一方、西欧諸国のエネルギー補助金が一兆ドルに迫った。

電気代高騰に対する国民の不満を避けるため英国政府は補助金を支給しているが、すでに英国は二〇二二年一一月だけで、一〇三〇億ユーロ（ポンドを換算）を支出した。ノルウェーが八一億ユーロ（同）だった。

ショルツ独政権の諮問機関・ガス委員会は市民・企業のエネルギー費用負担の高騰を防ぐために、ガスと地域暖房の料金に上限を設定した。ドイツ政府が投じる補助金の総額は、九一〇億ユーロ（一二兆七四〇〇億円）に達する。西ヨーロッパ全体でエネルギー補助は米ドル換算八五五〇億ドル。

日本の電気代補助金は家庭用の低圧契約の場合、一月〜八月の使用分は一キロワットあたり七円、法人向けの高圧契約は同三・五円を値引きし、九月使用分は家庭用で三・五円、法人向けは一・八円の値引きをするものの、同時に電力は三〇％値上げを申請しており、ユーザーにとっては負担軽減にはならないだろう。

他方、中国はシベリアからパイプラインを通じて天然ガスを長期契約で、ひときわ廉価で輸入しており、二〇二二年には一五四億立法メートルとなって前年比四五％増だった。ロシア全体の輸出量は西側が制裁しているため二五％の落ち込みだった。シベリアから中国へ三〇〇〇キロのパイプラインをつなぎ、さらにあと二本ほど増設するプロジェクトも進捗している。

黒竜江省に入るロシアのガスは分岐されて中国各地へ総計五一一一キロに及ぶ国内パイプラインがつながっている。

プーチンの政治生命は健在

ロシアも墜落する河童となるだろうか？

「二〇三三年までにロシアは崩壊する」（アトランティック・カウンシル＝ネオコンの巣窟の

一つ）。

米国の専門家は「革命、内戦」によりロシアが内部分裂を引きおこすとし、同時に「向こう一〇年間にロシアとNATOの軍事衝突はおこらない」と予測した（英紙「フィナンシャル・タイムズ」二〇二三年一月九日）。

ところが英米のロシア専門家の間では「プーチン退場」「ロシア崩壊、もしくは弱体化」という近未来のシナリオが声高に語られるようになった。

「フォーリン・アフェアーズ」の二〇二三年一月号は「三つのシナリオ」を提示した。
（1）和解成立の可能性は低い。
（2）苦戦を強いられたロシアは核を使用する可能性がある。
（3）中国の属国として生き延びる。
どれも暗い見通しだ。プーチンが去り、分裂の津波がおこれば、ロシアは二〇の「国家」に分裂する予測も成り立つという。

「プーチンはロシアの領土拡大を企図してウクライナに攻め込んだはずだった。ところがウクライナの抵抗が強く、背後

ウラジミール・プーチン

にNATOの強力な支援があって予測は狂った。次の見通しはといえば、むしろロシアが領土を縮小させることになる。ロシア崩壊の可能性がある」と予測する専門家もいる。

最も蓋然性《がいぜんせい》が高い近未来のシナリオは戦争の長期化、泥沼化である。

NATOと全面対決となると、プーチンは核兵器、生物化学兵器を使用して「ならず者国家」として開き直るだろう。

この場合、プーチンが権力の座から滑り落ち、クレムリンは内ゲバの暗闘となり、あろうことか、ワグネル軍団、あるいは凶暴チェチェン部隊が権力を握る可能性も指摘された。ワグネル軍団は正規軍との折り合いが悪くゲラシモフ参謀長と対立している。

プーチンの権力基盤にも亀裂が生じた模様である。

第一に政治に意欲を燃やす若手が少数であり、予備役をかき集めた軍は意気消沈、しかも若者の多くがロシアを捨てた。

第二にならず者国家に転落すればならず者が支配するのは歴史の法則である。一九一七年ロシア革命は少数の暴力集団が多数派のメンシェビキを斃《たお》して、ボルシェビキの独裁権力を確立させた

ワグネルの従業員。中央アフリカ共和国軍のパレードで大統領を警護

ではないか。

げんにワグネル軍団の黒幕エフゲニー・プリゴジン（「プーチンのシェフ」と呼ばれた）は「我々を犯罪者のように批判することはやめろ」と国会に書簡を送り、ボロジン議長は「祖国のために戦っている人々はすべて英雄である」との回答を寄せた。

ならばロシアではいかなる報道がなされているのか？

ウォロディミル・ゼレンスキー大統領については「ウクライナ破壊を達成した」とからかい半分だ。

またロシアはゲラシモフ参謀総長を総司令官と兼務させ、軍を一五〇万人規模に拡大し全面攻勢にでる構えをみせた。だが、予備役招集はうまくいかず、四人にも優遇条件をつけて徴兵した。

プーチンはNATOとの全面対決も辞さないと戦意を煽っている。ペスコフ大統領報道官は「(西側の)ウクライナへの戦車供与について、ロシア領内を攻撃できる兵器供与を討議すること自体が極め

エフゲニー・プリゴジン

ウォロディミル・ゼレンスキー

て危険である」と牽制した。

またゼレンスキー政権に対しては「ロシアもプーチン（大統領）も消えてなくなったりはしないことを早く認めたほうがいい」と、ロシアは強気姿勢を崩していない。

米国ではバイデンの機密文書持ち出しスキャンダルに火がつき、支持率は史上最低。下院は共和党が多数派となってウクライナ支援予算減額の声が強まった。

バイデンは自宅などから機密文書が発見された事実を「知って驚いた」ととぼけた。

総額五二〇億ドルにも及ぶ米国のウクライナ援助のうち、武器援助は追加につぐ追加を重ね二六四億ドルにも達した。

それでも不足している。ゼレンスキー大統領はダボス会議にオンラインで出席し「もっと援助を」と吠えた。

なぜかゼレンスキー大統領の顔つきが「カネ」に見えた。

バイデン政権で安全保障担当のジェイク・サリバン大統領補佐官は一月一九日、急遽イスラエルへ飛んでネタニヤフ首相と会談した。直後に、米軍はイスラエルに備蓄している装備品、弾薬から相当量をウクライナへ輸送するとし、さらに

ジェイク・サリバン

両軍はかつてない規模でイラン空爆を想定した軍事演習を展開、戦略爆撃機に加えて空中給油機も登場した。となるとイラン核施設空爆が近いのではないか。

同年二月二四日、バイデン大統領はテレビのインタビューのなかでゼレンスキーが声高に要請しているF16ジェット戦闘機の供与は「考えていない」とした。

F-16 ファイティング・ファルコン

ノルドストリーム破壊の背景にCIA

欧米はウクライナへ二個戦車大隊を編成できる新鋭の戦車の提供に踏み切った。

NATO国防相会議は二〇二三年一月二五日に合計一〇〇両前後のドイツ戦車供与で合意したが、細かな詰めは行われていない。チェコ、ポーランド、ノルウェーはドイツに先んじて供与を決めており、またスペインも前向き、フィンランドとオランダはドイツから新型と交換され次第、在庫を供給することになった。

ドイツのオラフ・ショルツ首相ははじめから乗り気ではなく「アメリカが提供するのなら同時に」との条件をつけてきた。あろうことか極左の緑の党が賛成し、自由民主党（FDP）も賛成、与党社会民主党（SPD）は慎重だった。

ドイツ製レオパルド戦車の供与でNATO諸国は大論争を展開し、最終的には四月から供与開始となった。ドイツの決断をうながしたのはノルドストリーム爆破事件だった。

なぜならこれでドイツは物理的にロシア依存から脱却せざるを得なくなるからだ。

セイモア・ハーシュは「誰がノルドストリームを破壊したか」をめぐって独自の調査を行い、パイプラインを爆破したのはロシアを装った米国の秘密作戦だったと暴露した。アメリカの諜報国策機関の特別チームがノルドストリームのパイプラインを爆破したというのだ。

ハーシュといえば「ソンミ村の虐殺」やイスラエルの核武

オラフ・ショルツ

セイモア・ハーシュ

装（「サムソンの選択」）など数々のスクープで知られるジャーナリスト。リトアニア系ユダヤ人で、ニューヨークタイムズでも辣腕《らつわん》記者としてならした。

そのハーシュが匿名の協力者を得て、ホワイトハウス、CIA、ペンタゴンの情報提供者を取材し、爆破計画は二〇二一年一二月までさかのぼることを突き止めた。特別チームはサリバン大統領補佐官の下で結成された（サリバンは否定）。

米海軍はパイプライン攻撃に新型潜水艦の使用を提案した。空軍は遠隔操作で爆弾を投下するシナリオも議論し、CIAは「いかなる作戦であれ秘密でなければならない」と主張した。CIAは深海ダイバーを使い、パイプラインに沿って爆発を引きおこす秘密作戦の計画を作成した。二〇二二年初、CIA作業部会はサリバンに「パイプラインを爆破する方法がある」と報告し、その直後にウクライナ民主化で暗躍するヌーランド国務次官が「ロシアがウクライナに侵攻した場合、ノルドストリーム2は前進しないだろう」と記者会見で答えている。

ロシア侵攻前の二月七日、バイデンは訪米したオラフ・ショルツ独首相と会い、「ノルドストリームは私たちが終わらせます」と発言したという。物騒な物言いである。

ドイツのロシアへのエネルギー依存体制を物理的に終わらせるとドイツはウクライナに肩入れせざるをえない。

　この秘密作戦に協力する国があった。捕鯨の国、ノルウェーは米海軍の深海潜水チームの作戦遂行の兵站《へいたん》ルートと後方支援をなした。ノルウェー海軍は三七〇〇名の陣容。ベルゲンに主基地があり、フリゲート三隻が主力。潜水艦・ミサイル艇を有し、フロッグマン部隊が有名である。

　二〇二二年三月のある日、米海軍チームがノルウェーに飛んで、シークレット・サービス（USSS）ならびに海軍と打ち合わせを行った。ノルウェーは潜水夫部隊を誇るNATOの一員である。

　デンマークのボーンホルム島から数マイル離れたバルト海の浅い海域に「適切な場所」を見つけだした。

　パイプラインは二六〇フィートの海底に沿って一六〇〇メートルほど続く脆弱なポイントで
これは潜水夫の活動範囲内である。

　同年九月二六日、ノルウェー海軍哨戒機がソナーブイを投下した。信号は水中に拡がり、数時間後、強力なC4爆薬が作動した。四本のパイプラインのうち三本が使用不能に陥った。

　しかしノルウェーがなぜこうまで前向きだったのか？

　北欧諸国のなかでノルウェーは一九四九年にNATOに加盟しているもののEUには加盟せず、またユーロにも加わらないで独自の路線を進める。

実はノルウェーは天然ガス、石油の「輸出大国」である。ポーランドへ海底パイプラインがつながるほか、七五〇キロのパイプラインをドイツへつなぐ計画が進行中だ。オスロ政府にとってノルドストリーム爆破、米国主導の機密作戦に秘密裏に便乗することは国益に直結することになる。

二〇二三年二月八日、ホワイトハウスは「ノルドストリームの爆発の背後に米国がいると主張する情報があるが、虚偽であり、完全なフィクションである」と否定した。米国メディアはこの案件をほとんど報じていない。

ウクライナへの戦車供与は在庫処理が実態

とりあえずドイツ軍の在庫から一四両のレオパルド戦車2A6型を供与し、他のNATO諸国からの供与分と合わせ、八八両とし、二個大隊とする。編成が完了するのは早くても六月ごろになる。ロシアの大攻勢には間に合わない。

米国も最新鋭「エイブラムスM1」戦車の三一両供与を決めたほか、装甲車ストライカーを九〇両、歩兵先頭車ブラッドレーを五九両、また英国はチャレンジャー戦車を一四両とAMX

10RC軽戦車を供与する。

とはいうものの、これでいきなりウクライナ有利の戦局が望めるかは疑問だ。軍事専門家によれば、必要とされる戦車の最低量は三〇〇両（理想は一〇〇〇両以上）、NATOがかき集めての供与予定は最大で一三九両だ。

また、レオパルド2戦車には多くの脆弱性が指摘されている。

第一に重すぎる。重量が六五トン。ウクライナの多くの橋梁を渡河《とか》できないため局地戦の範囲で留まらざるをえない。米エイブラムスは六一・五トン、120ミリ砲装備で最大時速七二キロ。英チャレンジャーは六二・五トン、120ミリ砲。時速五九キロ。ドイツのレオパルド2は、六四トン、120ミリ砲装備、最大時速七〇キロである。

第二に戦車側面、屋根、後部装甲は鉄板が比較的薄く、ロシアの対戦車兵器による攻撃に対して脆弱である。迎え撃つロシア軍は塹《ざん》壕《ごう》を掘っており、ゲリラ的対戦車戦を想定しているうえ、キエフへの兵站を破壊する作戦を実行し始めた。

第三に破損した場合に修理する前にロシアの無人偵察機に発見さ

レオパルド戦車2A6型

れると、砲撃で破壊されやすい。乗員修理工、連絡方法などの訓練は最低二カ月を要する。ドイツは部品を集めて戦車の組み立てをやり直すため追加の二九両は四月に、残りの二二両は年末、もしくは二〇二四年になるとしている（「ワシントンポスト」二〇二三年一月二六日電子版）。

最大の弱点はウクライナの指揮官が、もし陣形を間違えて戦車隊を配置した場合、敗北を喫しやすいことだ。二〇一六年のシリアでトルコ軍は一回の戦闘で八両のレオパルド戦車を失った。レオパルト2戦車は、ロシア軍の射程をはるかに超えた距離でロシア車両を迎撃できるが、そのための条件は広範囲で展開作戦がとれる地形でなければならない。敵軍から遠くに戦車隊を配置し稜線位置をとることで優位にたてる。しかしウクライナ東部の戦域は集落、森林、湿地などの地形で、戦車の得意な戦法がとれないと予測される。

しかも実際にウクライナへ提供されるレオパルドは在庫から出される中古であるため、各地で「修理」され、年末までに間に合うかどうかという計画なのである。

エイブラムスM1

加えて、戦車乗組員を訓練するためにNATO側にも通訳や宿舎の準備の必要があり、ウクライナ人乗組員一人を訓練するのに少なくとも二カ月はかかるが、そもそもウクライナ兵士が確保できているかの問題もある。

米国はドイツにある米軍基地でエイブラムス戦車の特訓を始めた。エイブラムスは操作が非常に難しい戦車とされる。乗員四人の息の合ったチームプレーも要求される。

親中国家の苦境

龍から振り落とされた他の国々をまとめてみよう。

モルディブは来年二〇二四年に大統領選挙を控えている。二〇一八年まで大統領だったアブドゥラ・ヤミーンは、汚職とマネーロンダリングで一一年の禁固刑の判決がでたが、控訴を表明している。二〇二〇年一二月二五日に有罪判決を受け五〇〇万ドルの罰金を科された。二〇一九年の有罪判決はマネーロンダリング容疑で禁固五年の判決を受けていた。

アブドゥラ・ヤミーン

彼は親中派でそれまでは親インド政策をとっていた歴代政権とは違い、「インドは出ていけ」という「インディア・アウト」運動を組織して政治キャンペーンを展開した。やはり賄賂好きで、独裁者だったマウムーン・アブドゥル・ガユームの異母弟である。

スリランカのラジャパクサ兄弟と並んで、「南アジアの問題児」と言われるヤミーンはベイルートの大学に留学し、「経営学」学士。その後、米国へ渡りクレアモント・カレッジで公共政策学の修士号を取得している。

モルディブに帰国後、アブドゥル・ガユームの企業を共同経営し、一九九三年一一月には貿易・工業大臣となった。その後もモルディブ貿易公社会長となって、不正蓄財に精を出したという。

二〇一三年の大統領選挙に立候補し、元大統領のモハメド・ナシードと争い、再投票の結果、僅差で当選した。以後、反対派政治家を弾圧し、政敵を次々と刑務所に入れた。

そのうえで中国に異常接近し、中国マネーで人工島を造成し、首都マレと空港を結ぶシナマーレ橋（中国・モルディブ友好橋）を建設し、ついに中国の「借金の罠」に陥落した。

親中路線の行きすぎに国民の暴動が発生し、二〇一八年大統

マウムーン・アブドゥル・ガユーム

領選挙で敗北し、逮捕された。

　環境活動家らは地球温暖化でモルディブは海に沈むと言っていた。首都マレは高層ビルを建てすぎて二センチほど沈んだだけだった。だが、モルディブ経済は中国からの膨大な借金とコロナで観光客が激減して外貨収入がなくなり、本当に沈んだ。

モハメド・ナシード

　タイでは高速鉄道計画がはやくも頓挫した。ラオスのビエンチャンまで敷設された中国主導の新幹線を、隣接するタイ国境のノーンカーイとバンコクをつなぐプロジェクトだが、一部工事が着工したものの進捗率は三割。首都圏三空港を結ぶ空港高速鉄道も五年前に入札が行われ二〇二九年開業予定だが、遅れ気味である。
　バンコクと北部チェンマイを結ぶ新線は日本が参加意欲を示したが進展はない。
　タイ中高速鉄道（約六〇九キロ）は軍政を批判する欧米からの協力が望めず、タイ政府は中国頼みとなった。ところが「一帯一路」の内容は中国が資材や労務者と交換で資金提供、しかもドル建て返済と聞いて、この中国の身勝手な条件にタイ側が反発したため、その後の進展はない。そして海外亡命中のタクシン・チナワット元タイ首相の動きも気になる。「星島日報」によるとタクシンと妹のインラック（元首相）、そして次女のペートンタン（頁東舟、三六歳）の三人が香港で久闊《きゅうかつ》を温めたのだ。

タクシン、ソムチャイ（義兄）、インラック（妹）と三代続いたタクシン一族の権力掌握はいまもタイの田舎で根強い人気があり、タクシンの次女ペートンタンは五月の総選挙に立候補、次の首相となる可能性も高まっている。


二〇二三年一月六日、トルクメニスタンのセルダル・ベルディムハメドフ大統領が北京を訪問した。習近平と何を話したか。

米国の関心はガス代金の決済を人民元建てとしたのか、どうかだ。公式発表では「天然ガスにおける協力は中国とトルクメニスタンの関係の基礎だ」と述べたものの、決済手段の変更などの詳細は伝えられていない。

中国はトルクメニスタンから三本のパイプラインを敷設し、ウズベク、カザフを経由してウイグルで分岐し、一番長いパ

セルダル・ベルディムハメドフ

イプラインは上海にまで運ばれている。

需要が増加しており、四本目のパイプラインの建設を計画している。完成すれば年間供給能力は現在の五五〇億立方メートルから八五〇億立方メートルに拡大する。

中国はトルクメニスタンとの関係を「包括的戦略パートナーシップ」に格上げすることで合意した。これによりトルクメニスタンはサウジアラビア、オーストラリア、ベネズエラなど約三〇カ国と同じ位置づけとなる。

トルクメニスタンは旧ソ連構成国だが、独立後はサパルムラト・ニヤゾフ大統領の独裁が続いた。

自分が書いた著作を莫大な費用を投じて英語、ロシア語など十数カ国語版をつくり、配布した。ちなみに日本語訳もある。そのうえ個人崇拝を高めるため金ぴかの立像をあちこちに建立した。その手に書物を持っているので筆者は首都を訪問した際に「大統領が手にしている本はコーランですか?」とガイドに聞いた。「いいえ、大統領自身が書かれた書物です」。

この独裁者ニヤゾフは二〇〇六年一二月に死去。翌年二月

ベルディムハメドフ

に実施された大統領選挙で、ベルディムハメドフ大統領代行（前副首相兼保健・医療工業相）が当選した。国際的に無名の政治家だけに首をかしげた。おそらくニヤゾフ前大統領の庶子であろうと想像がついた。当時、佐藤優（元外務省主任分析官）と対談本をつくっていた最中だったので、氏の意見を聞くと同意見だった。

二〇一二年二月、ベルディムハメドフ大統領が再選され、二〇一七年に三選（得票率は九八％だったそうな）。

二〇二二年二月、ベルディムハメドフ大統領は「任期満了」を口実に息子への権力委譲を決意した。三月に大統領選挙が実施され、長男のセルダル・ベルディムハメドフ副首相が当選し三代の世襲となった。「中央アジアの北朝鮮」と言われる所以だろう。北京を訪問したのはこの新大統領である。

親中路線をやめたフィジー

二〇二三年一月二七日、フィジーの新政権は「親中路線」を終了させるべく中国との治安協定廃棄を示唆し、警察長官を停職させた。一種の政変である。

フィジーのシティベニ・ランブカ首相は二〇二二年師走の選挙で勝利し、それまで一六年間、政権を担い、中国に異常ともいえるアプローチを続けたフランク・バイニマラマは退陣した。バイニマラマは元軍司令官、クーデターで政権を掌握したため最大の援助国だった豪とNZが批判した。それゆえバイニマラマは中国に近づき外交バランスをとろうとした。

フィジーは人口九八万人ほどで南太平洋ではパプアニューギニアにつぐ大国。したがって中国が外交を集中させるのも当然だろう。二〇二二年五月、王毅外相（当時）が大型外交団をつれて訪問し、そのうえ同地で周辺の国家元首らとオンラインで会合を持った。

中国のフィジー支援は保健、農業、インフラ、貿易、スポーツなど幅広い分野で行われ、首都のスパには中華レストランが十数軒、中国語の新聞もでており、サウスパシフィック大学には孔子学院がある。

これに苛立ちを強めたのが豪、NZ、そして米国である。

フランク・バイニマラマ

シティベニ・ランブカ

米国はカート・キャンベル調整官をただちに現地に派遣した。選挙後、ランブカ新政権は「中国との警察訓練と交流協定を終了する」と発表した。王毅の面子《めんつ》は潰された。

またランブカは豪とNZとの復縁を唱えた。

「私たちの民主主義制度と司法制度は（中国とは）異なるので、私たちと同様の制度を持っているものに戻ります」と発言し、オーストラリアとは防衛協力協定を結び直した。

カート・キャンベル

日本とのつながりもかなり古い歴史があって西側のナンディには三軒の日本料亭、リゾートの観光客やゴルフ客も目立つ。ナンディはインド系住民が多いが、国際空港ハブでもあってバヌアツやトンガに行くにはここで乗り換える（筆者も三回ほどナンディで乗り換えたのでフィジーには何回か行っている）。

意外なのは留学費用の安さであって、ナンディでは英語留学目的の日本人の若者が多い。学校は日本人経営である。

さて南太平洋諸国は豪州からみれば「前庭」である。押っ取り刀の巻き返しにでた。

ウォン豪外相はすでに南太平洋の一六カ国・地域を回った。二〇二三年二月二一日にはキリバスを訪れ、巡視船の供与や警察の人材育成、港湾整備への支援を表明した。キリバスは前年七月、地域機構「太平洋諸島フォーラム（PIF）」から脱するとしていたのが、方針を転換した。

豪州が島嶼《とうしょ》国の抱き込みに腐心する背景には台湾海峡や南シナ海で緊張を高めている中国の影響力が増すことへの危機感からだ。とくに中国が二〇二二年四月にソロモン諸島と安全保障協定を結んでからは警戒を強めてきた。米国はソロモンの大使館を再開した。ところがソロモンのソガバレ首相は港湾近代化プロジェクト工事を中国企業に発注したので、米豪はむくれた。バヌアツとの安保協定にも二〇二二年師走に署名し、二〇二三年二月中旬に同国のカルサカウ首相を招いた際には、国家安全保障局の建物新築に資金を出すと約束した。パプアニューギニアとも安保条約を結ぶことで合意し、実務的な調整を急いでいる。

エクアドル最大の水力発電所を中国が建設したが

エクアドルの首都はキト。北東へ一三〇キロ、コカ・コード・シンクレア水力発電所は二〇一六年に完成した。請け負ったのは「中国水利水電」集団。総工費は当初の見積もりで二二・五億ドル。このうち一七億ドルを中国輸出入銀行が融資した。

融資条件は金利が七％で一五年返済。つまり利息の支払いだけでも毎年一・二五億ドルという途方もないプロジェクトだった。南米の「一帯一路」の目玉だ。

汚職、賄賂がはびこり、手抜き工事、材料などの転売、政治家の腐敗は付きもの。全体の不透明さがエクアドル政界を揺らした。

水没する農家、農業補助環境保全などで予算はふくれあがり最終的には二八・五億ドル。エンジニア、現場監督、労働者、機材、セメントなど一切が中国から運ばれ、工事途中でトンネル事故などが多発して痛ましいほどの犠牲がでた。

人権ウォッチ団体は、（1）過酷な労働条件と労働者の人権、（2）環境保全、（3）地元民への生活保障、（4）情報の不透明などが問題だと指摘した。

二〇一八年一二月に査察が入り、実に七六四八カ所に亀裂、水漏れなどが見つかり早急な修繕が求められた。

エクアドルは漁業が発達しており水産加工が盛ん。人口は一七八〇万人。一人あたりのGDPは五五三〇ドル（世銀）。通貨はなんと、米ドルである。国民のほとんどがカトリック。

国際都市は西海岸のグアヤキルである。かのガラパゴス島へ行くのに便利で、西へ一〇〇〇キロを二時間の飛行。筆者もグアヤキルに一泊してガラパゴスへ行ったが、陽気な国民性で、街並みは落ち着いた風情があった。このエクアドルも借金の罠に墜ちた。

「中国の海」にならなかった北極海

フィンランドに「北極経済回廊」プロジェクトを持ちかけたのは中国だった。ロシアの警戒感をよそに、中国は砕氷船を備え、物資の北極圏輸送、すなわち「北回りシルクロード」という航路の開拓を企図した。その航路の一環として中国は北海道の釧路などで土地の爆買いを行っていた。

フィンランドの北方はノルウェーの不凍港につながる。ここからヘルシンキへ鉄道をつなぐとする大風呂敷を中国が持ちかけると、フィンランド財界は一時期、前向きとなって昂奮したことがあった。しかしロシアがウクライナへ侵攻し、フィンランドはＮＡＴＯに加盟した。この地政学的転換により、中国の北極回廊プロジェクトはほぼ頓挫したのである。

中国がプーチン大統領の侵略を批判しないためＮＡＴＯ諸国の中国に対するイメージが著しく低下した。

前述したように中国はウクライナ戦争の恩恵を受けてエネルギー、穀物、その他の商品をロシアから割引価格で購入した。その「制裁」破りの中国の無法ぶりもNATO諸国は目撃してきた。

習近平政権は北極圏の戦略的重要性を公式に認めている。二〇一四年、中国国家海洋局の劉慈桂局長は、中国は二〇三五年までに「極地大国」となると宣言した。

そして二〇一七年には「一帯一路」構想に「極地シルクロード」が追加された。二〇一八年、中国は北極域内の安全を促進する「重要な使命を担う」とする公式の北極政策文書を発表した。

現実の地政学を眺めると、北極圏の大部分がカナダ、デンマーク(グリーンランド経由)、ノルウェー、ロシア、米国と、五つの沿岸国の管轄下にある。このため国連法によって中国が利用できるのはごく一部の海域である。

地図を開くと判然とすることがある。

地政学的にみればロシアの戦略的要衝ムルマンスクはノルウェー、フィンランドから至近距離にあって、中国が、この北極圏航路を「ロシア抜き」で開拓することは不愉快千万だろう。

「古代ノルウェー人」を意味する「ムルマン」から命名されたムルマンスク州の州都はモスクワから北へ約二〇〇〇キロの位置で、コラ半島の北岸、バレンツ海からコラ湾を五〇キロ南に入った東沿岸にある。ロシアの北極圏最大の都市で、同時に軍事基地。NATO諸国が常に警戒するのも、ムルマンスクにロシア海軍の空母が所属し、また原潜の基地でもあるからだ。

二〇一七年に習近平はフィンランドを訪問し、「規模、文化、発展レベルが異なる両国は平和共存と友好交流の模範だ」と称賛した。共同宣言では「中国とフィンランドは北極域内で経済的および技術的協力を強化する」とし、産業、インフラ、観光、文化、ウィンタースポーツの分野で多くの共同プロジェクトが開始された。

とくにノルウェーのキルケネスからフィンランドのロヴァニエミへの新しい鉄道を接続し、ヘルシンキへ鉄道を接続させ北極シルクロードと中央ヨーロッパ市場を接続する。さらに新しい海底トンネルを経由してエストニアのタリンに向かい、さらにヨーロッパ全域をつなぐのだと、バラ色の計画を語っていた。

フィンランド北部の空港を中国へ売却す

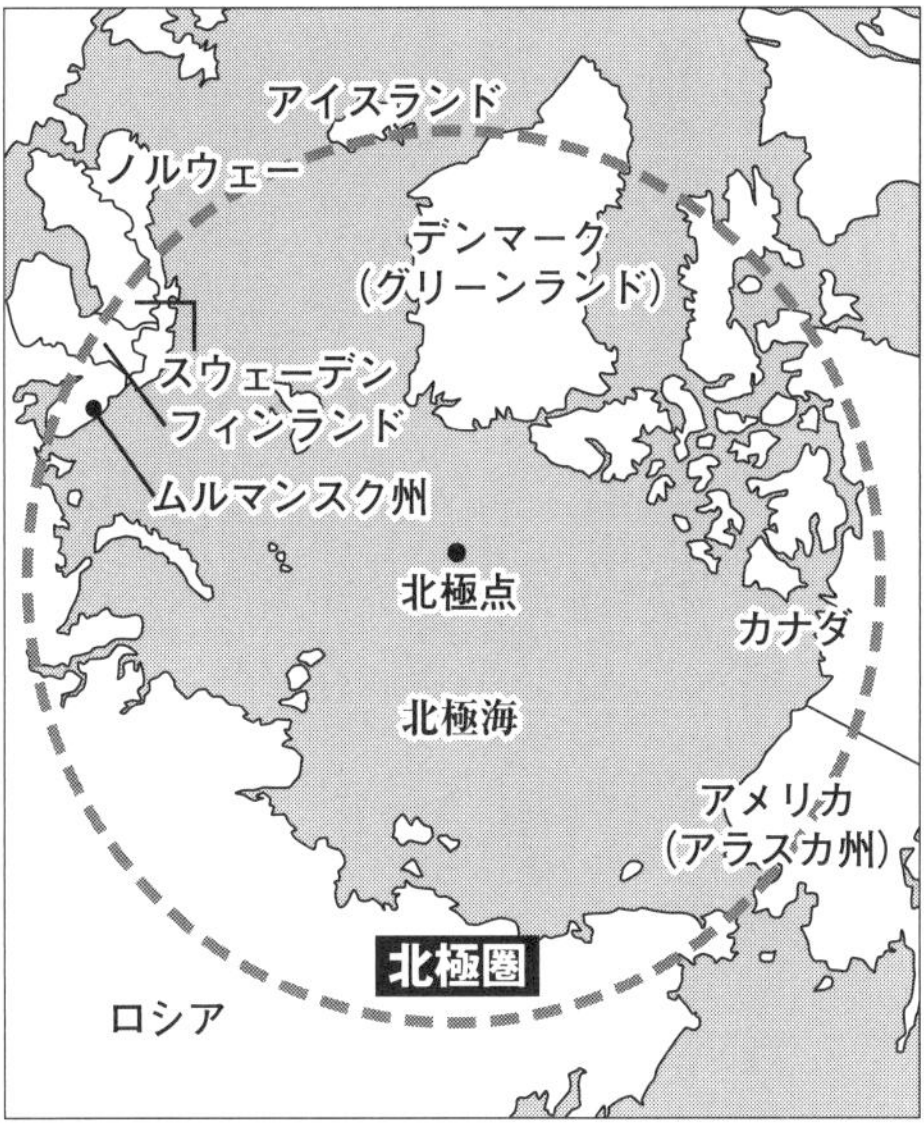

北極圏地図

る案件なども議題となっていたが、具体的な工事進捗はゼロ、二〇二一年にはフィンランド北極鉄道プロジェクトを「ラップランド地域計画」から削除した（ラップランドはフィンランド北方の秘境で、住民よりトナカイが多く、冒険旅行者にとっては憧れの地である）。

　フィンランドの対中外交は、正式にNATOの一員となってから転換したのである。

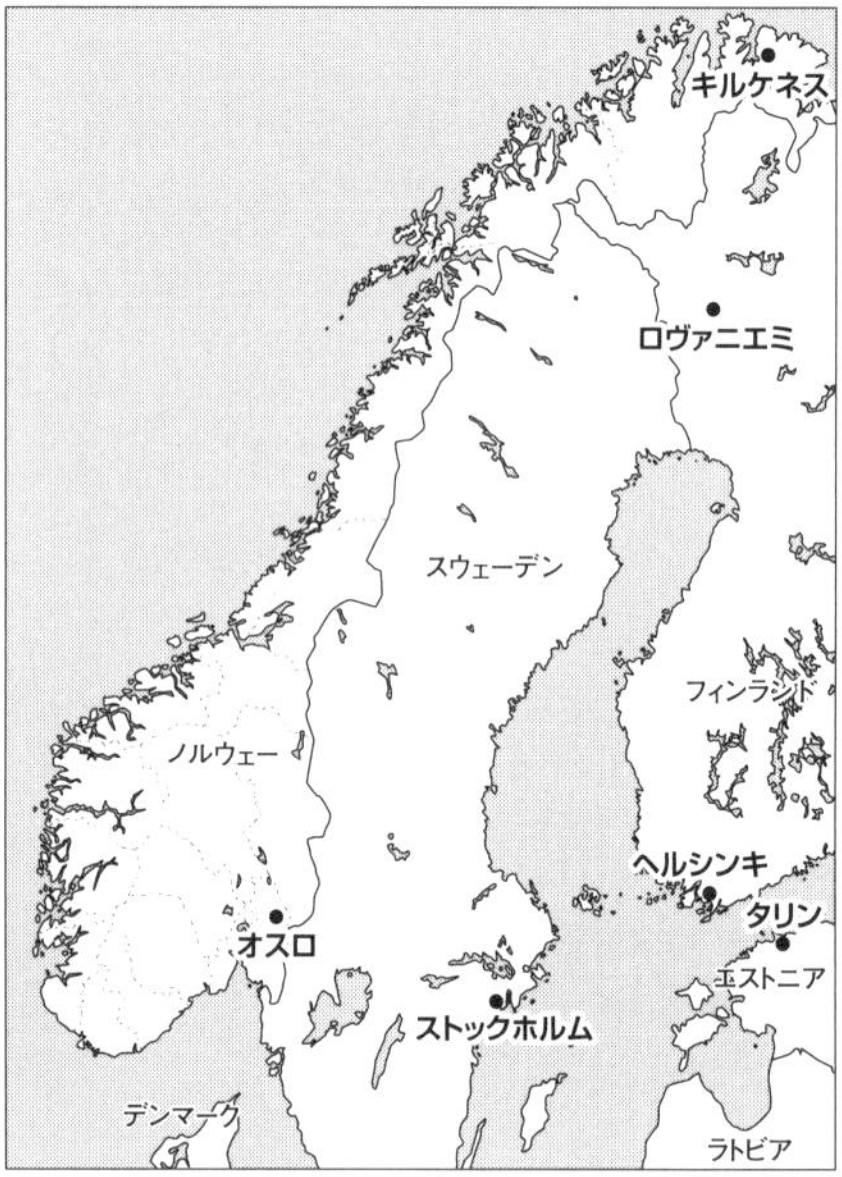

フィンランド周辺地図

パキスタンでは中国人標的のテロが頻発

　IMFはパキスタンの財務状況を改善するため、度重なる協議を続けてきたが、「どうにもこうにも解決策がない」。IMFは匙《さじ》を投げた格好だ。

パキスタンは戦後、一四回ほどデフォルトに陥っている。それゆえインドの新聞が書いた。「パキスタンのＩＭＦとの交渉はキャッチ22状態だ」と。

『キャッチ＝22』は、ジョセフ・ヘラーの小説が発祥、邦訳『キャッチ＝22』は飛田茂雄訳（早川書房）。どうにもならない状況を意味する。この作品から英語で「ジレンマ」、「板挟み」、「問題解決を阻む状況や規則」、「落とし穴」を指すスラングとなった。

作中の軍規22項の運用（たとえば、狂気に陥った者は自ら請願すれば除隊できる。ただし、自分の狂気を意識できる程度ではまだ狂っているとは認められない）からきている。

さてパキスタンにおける中国の立ち位置である。

「中国パキスタン経済回廊（ＣＰＥＣ）」は名目総額で六五〇億ドル（実際に中国の出資は三三〇億ドル）を注ぎ込んだ習近平の「一帯一路」の目玉のプロジェクトである。鉄道、高速道路、パイプライン、光ファイバー網。グアダール港の近代化、工業団地、大学に病院にハイテクラボ……。

パキスタン全体の債務は二九四〇億ドルで、このうち対外債務が一二六〇億ドル。ＩＭＦ融資は七八億ドルで世銀とＡＤＢ（アジア開発銀行）による。三三〇億ドルが中国である。

一〇〇以上のプロジェクト群だったが、工事中断、未着工、材料紛失ならびに盗難とトラブル続き。パキスタン政府官僚は賄賂が大好き、つまりいくつかの発電所などをのぞきほとんどが完成に到らず資金は蒸発し、同時に熱意も蒸発し、残ったのは対外債務の山。二〇一三年にCPECプロジェクトが開始され、パキスタン繁栄という十年来のバラ色の夢ははかなく消えた。

同時に中国の資源戦略だったマラッカ海峡バイパス（パキスタンのグアダールから新疆ウイグルへの石油とガスのパイプライン）敷設は沿線にパキスタンの治安部隊一万が警備にあたった。後者はパキスタン政府負担だった。テロの襲撃が続いた。

パキスタン国内の武装勢力は大きく三つある。最大かつ凶暴テロを繰り出すのはTTP（パキスタン・タリバン）で、爆弾テロを繰り返す。TTPはパキスタン国内の中国人をターゲットとし、CPECの進展を阻止し、パキスタン政府の政策を追い込んでいけば、政権転覆につながると目論《もくろ》む。

IS（イスラム国）はアフガニスタンのISIS－K（イスラム国ホラサン州）と連携している形跡があるが、一月下旬にペシャワールの警察モスクを爆破、九五名が犠牲となった。

もう一つはバロチスタン独立運動の武装組織で、バロチスタンはパキスタンに帰属しない独立した王国であるとし（げんに国王は英国亡命中）、パキスタン政府に闘いを挑む。

彼らの行動範囲はバロチスタン地方が主舞台である。

　最近でもグアダールで中国人宿泊が多い豪華ホテルが襲撃され、またクエッタでは中国大使宿泊先のホテルが爆破された（大使は無事だった）。二〇二一年には発電所建設現場で八人の中国人エンジニアが殺害された。二〇二二年には大学入り口で女性テロリストが自爆。中国人三名が犠牲となるなど枚挙するいとまがないほどに中国人を標的とするテロがパキスタン全土で吹き荒れている。いずれもTTPかバロチスタン独立運動のテロ組織の仕業《しわざ》と言われる。

　二〇二三年二月一六日、イスラマバードの中国大使館は領事部業務を休止した。再開は状況次第となった。つまりこれは一帯一路の頓挫を非公式に認めたと同義である。

　中国は「パキスタンとは『永遠の友情』で

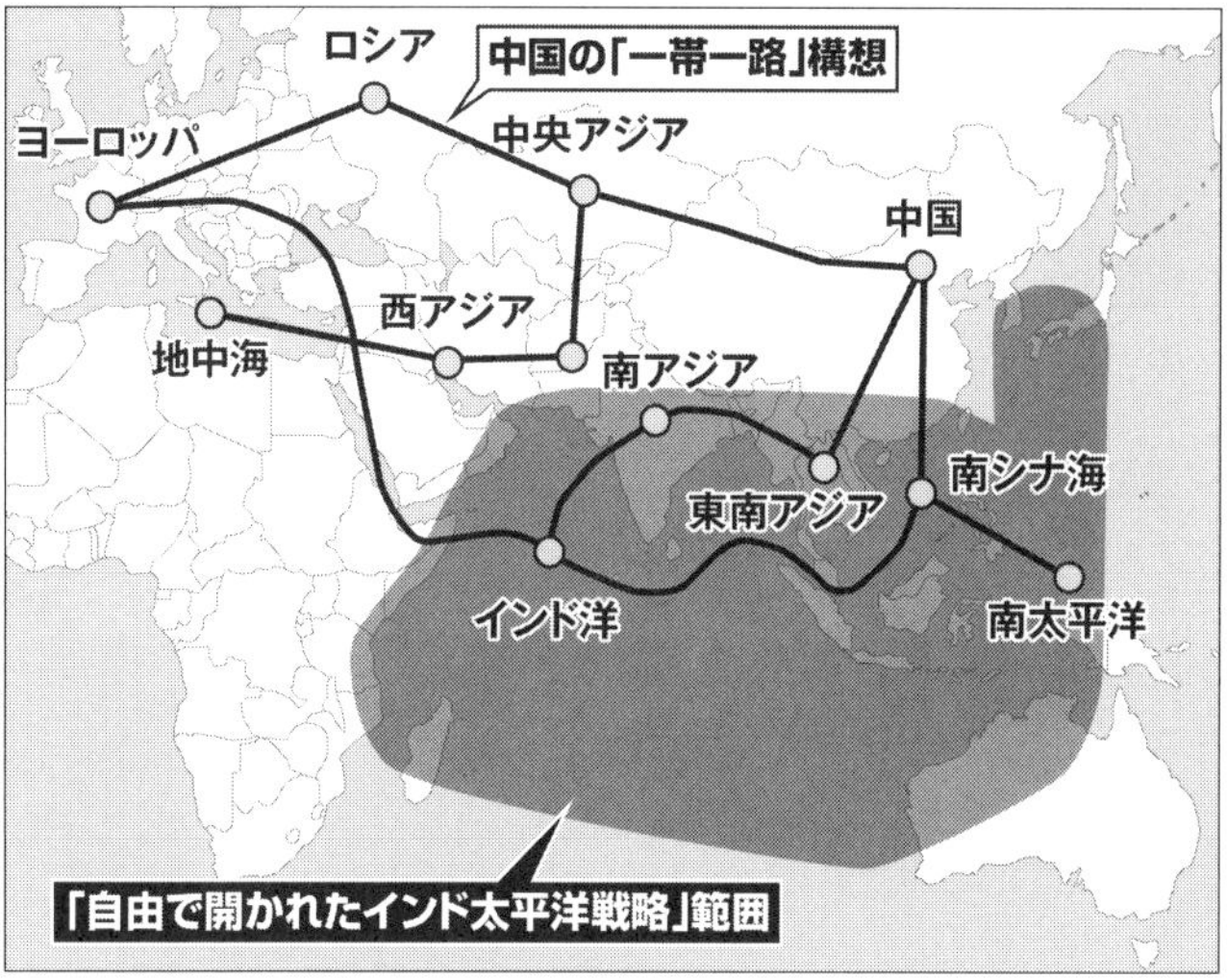

一帯一路と自由で開かれたインド洋太平洋戦略

固く結ばれた、『全天候型』であり、いかなる援助も惜しまない」としながら新規融資を渋り、ＩＭＦとの債務削減交渉に委託するかたちをみせた。徐々にパキスタンから手を引こうとしているようである。

パキスタンは一年前の外貨準備は一六〇億ドル前後だったが、二〇二三年一月末には二九億ドルに激減した。二〇二二年六月の大洪水で国土の三分の一が水没し、以後停電と物価高に陥った。経済はドン底状態だ。二〇二三年四月には現金支給の列が押し倒され数十人が圧死した。

中国主導のＣＰＥＣの見通しが暗いのは次の事由による。

第一に治安の悪化である。第二にパキスタンの対中感情が極度に悪化している。第三にアフガニスタンとの関係が微妙であり、ＴＴＰはカブールにタリバン政権ができて以来、むしろ中国人へのテロを強めている。第四に在留中国人の安全確保であり家族の帰国をうながしている。パキスタンに駐在する中国企業ならびに中国人がすっかりやる気をなくしている。

二〇二三年四月九日、訪米してＩＭＦと協議する予定だったダール（パキスタン財務大臣）は急遽旅行を取りやめた。

タリバンと手を結ぶ中国

アフガニスタンは中国の投資と進出を歓迎しているが、タリバン政府が前向きな「一帯一路」プロジェクトはテロ攻撃にあって遅々として進まない。

中国はタリバンのアフガニスタン復興プロジェクトも一帯一路に加えている。

アフガニスタンは二〇二一年八月一五日にタリバンが首都カブールを制圧した。バイデンが無様《ぶざま》な撤退をしたからである。

爾来、タリバンは国際的に孤立し、国内では反政府のテロ組織ISIS－K（イラク・レバントのイスラム国・ホラサーン州）による過激な爆破テロが頻発している。

タリバン政権を承認したのはサウジアラビア、アラブ首長国連邦（UAE）、パキスタンの三カ国と国際社会が認めない「チェチェン共和国」だ。

タリバン政権は国連でも承認の議論はない。国際連合の代表権は「旧北部同盟」である。在アフガニスタン日本国大使館は二〇二一年八月一五日をもって閉館。二〇二三年四月現在、在カタール日本国大使館内に臨時事務所を設けている。

首都カブールをはじめ、全土において「ISIS－K」がシーア派住民や外国関連機関、民間人等を標的としたテロ、あるいは身代金目的の誘拐が多発している。タリバン政府の統治は全土の九〇％くらいだ。この間隙を突いて中国はアフガニスタンへの浸透を強めた。中国はタリバンがＥＴＩＭ（東トルキスタン独立運動）のアフガンからの追放に協力的なので、ドローンなどの武器供与の構えを見せている。

二〇二一年七月、中国はタリバンの代表団を天津に迎え（北京を巧妙に避けたのは外交承認をしていなかったからだ）、王毅外相（当時）が猫なで声で丁重に応接した。まっさきに提示した条件はＥＴＩＭがアフガニスタン国内で反中国活動を行うことを許可しない保証を求めた。中国のアフガニスタン政策は第一にこのＥＴＩＭへの取り組みであり、第二に中央アジアとパキスタンにおける「一帯一路」プロジェクトを保護することだ。

中国政府はタリバンを正式に承認していないが、カブールには「大使館」を残留させている。双務的にタリバンの代表者が北京のアフガニスタン大使館使用を許可している。事実上の外交承認である。

中国はすでアフガニスタンのアイナク鉱山など鉱業とエネルギー資源開発に投資しており、またタリバン政権はＣＰＥＣのアフガニスタン延長を受け入れている。

とはいえパキスタンのバロチスタン州は反中国であり、すでにグアダール港の開発は見事に頓挫した。

二〇二三年一月五日、中国企業は巨大な原油埋蔵が推定されるアフガニスタン北部のアムダリア盆地での石油採掘契約に調印した。また二〇〇八年に契約を結んだアイナク銅鉱山での採掘作業再開も望んでいる。採掘作業における安全の確保が前提条件である。

一〇年前の「日本経済新聞」に次の記事が報じられたことがある（二〇一二年一〇月二二日）。

「アフガニスタン北部ファルヤブ、サリプル両州にまたがる油田で、中国の国有石油大手、中国石油天然ガス集団（CNPC）が原油の採掘を開始した。アフガンで大規模な原油生産は初めて。ロイター通信が二一日報じた。アフガンでは治安の改善が見られず、多くの外国企業が参入をためらうなか、中国企業の積極的な進出が目立っている。アフガン鉱工業省によると、油田の推定埋蔵量は八七〇〇万バレル。契約期間は二五年で、油田開発の全収益のうち七割をアフガン政府が得る。CNPCは二〇一二年一二月、政府との開発契約に調印。シャフラニ鉱工業相は油田開発が『アフガンの経済的な自立につながる』と語った。中国はアフガン中部ロガール州の銅山開発も落札し、周辺道路や鉄道の建設などインフラ整備も行っている」

この動きに対して中国人を標的とするテロが頻発している。二〇二二年師走にも中国人ビジネスマンが宿泊するカブールのホテルにテロ攻撃を仕掛けた。

業を煮やした中国は二〇二二年三月に急遽、王毅をカブールに送り込み、何らかの密約を結んだ形跡がある。というのも同年八月から中国がアフガニスタンでのテロリズムと過激主義と戦うための支援、とりわけ武器の提供を開始した。

武装過激派がアフガニスタン国内に残留している事実はタリバンの頭痛の種だ。しかしイラン、ロシア、中国、パキスタンなどはアフガニスタンの安定を期待し、テロ政権と批判するより、現実的にタリバンが国を安定させることを支援するように国際社会にも呼びかけている。

タリバンはカメラ搭載のドローンを使いこなし、索敵行為をなした。当時の「敵」は米欧傀《かい》儡《らい》のアフガニスタン政府軍だった。当初タリバンが活用したドローンは戦闘用ではなく商業用だった。タリバンはアフガニスタンに拠点を置いたアルカイダが九・一一テロ事件を引きおこしたため方向転換した。

タリバンはドローンの複雑な操作に慣れ、ノウハウを迅速に進化させた。小型商用無人機を、農業用とし、さらに改良して軍用機とした。そのうえでタリバンは中国から高度な戦闘ドローンを入手した。

折から北朝鮮は韓国の大統領府を撮影するドローンを飛ばし、韓国軍はこれを迎撃できなかった。金正恩《キムジョンウン》は中国製ではなくイラン製ドローンを入手したのではないかと言われている。

サウジとイラン、どっちを取るか

イランのライシ大統領は二〇二三年二月一四日に北京入りし、習近平国家主席と会談した。表向き、両首脳は「単独主義」や「覇権主義」に反対するなどで合意した。イランでは反政府デモが拡がり、宗教的狂信主義の政権に国民はうんざりしている。この点では中国国民も同じだろう。

なぜこの時期を選んでイラン首脳が中国に行ったのか？ 伏線には二〇二二年師走の習近平リヤド訪問に対するイランの反撥がある。

二〇二二年一二月八日にリヤドへ入った習近平はムハンマド・ビン・サルマン皇太子から異例の厚遇を受けた。裏返して見ると、中国はサウジを重視して米国に露骨に対応するた

ムハンマド・ビン・サルマン

め国家主席がリヤドを訪問し、ここに湾岸諸国首脳を集めて中国主催の会議を開催し、これみよがしにイランを刺激した。それがイランの受け取り方だったのである。

トランプ政権のときは女婿のクシュナーがたびたびサウジを訪問し、ロシア訪問などで米国離れを見せていたサウジ王家との関係を良好に維持できた。

クシュナーはリヤドを訪問しては「商談」を展開し、サウジのファンドが四〇億ドルの新規財団を設立し、オマーンのトランプホテルにも投資するなど、トランプ政権が終わっても良好な関係が続いているとメディアは報じている。トランプ前大統領は「カショギ暗殺に皇太子は関与していない」とワシントンポスト紙のボブ・ウッドワードに語っている。

二〇二二年一二月の習近平のサウジアラビア訪問は周到に準備され、三四の経済協定、総額二八〇億ドルの投資、同時に湾岸諸国首脳（カタール、オマーン、UAEなど）を集めての合同首脳会議にはエジプト、イラクからの参加もあった。これは中国の中東外交の成果である。問題は石油決済に人民元を認めるかどうか、である。

中国とサウジの首脳会談では一二件の二国間協定・覚書の締結に立ち会った。主な内容は以下のとおり。

ドナルド・トランプ

サウジアラビアの「ビジョン二〇三〇」と中国の「一帯一路」構想との協調計画。水素エネルギー分野の覚書。両国間の民事、商業、司法支援に関する協定。中国語教育への協力に関する覚書。直接投資奨励の覚書。住宅分野での協力に関する覚書の条項を活性化する行動計画。

またデジタル経済分野協力の戦略的パートナーシップ、ロボット・スマート機器、人工知能（ＡＩ）、先端コンピューティングおよび量子情報技術分野の協力や、産業・商業目的の技術やアプリケーションの開発にも取り組むとした。とくにデジタル技術の応用と無線周波数管理、通信、データセンターの分野の現地人材育成、デジタルプラットフォームとクラウドコンピューティングサービスの開発、海底ケーブルプロジェクト拡大の分野でも協力を行うことには留意が必要だろう。

こうやって中国はサウジとも熱い関係を膨らませ、さらにイランには武器供与を拡大、両国から膨大な石油を輸入してきた。この経済の絆が奏功し、二〇二三年三月一〇日、イラン、サウジ国交再開という劇的な演出を中国がなした、ということになる。

ジャレッド・クシュナー

第五章

中国の大誤算は習近平

習近平は「裸の皇帝」

二〇二二年一〇月の「フォーリン・アフェアーズ」に蔡霞《さいか》の論文「習近平の弱点　狂妄とパラノイアはいかに中国の未来を脅かすか」が掲載された。

これは各界に衝撃を運んだ。世界の指導者、外交官、国際政治学者、メディアの外報部などが必ず読む、権威ある雑誌に露骨な習近平批判が発表されたからだ。なにしろ蔡霞はかつて習近平直属の部下だった。その彼女が目撃し体験した事実をもとに習近平がいかにつまらない人物かを書いた。

「習近平は『裸の皇帝』である」（周囲の佞臣らは習が気に入る情報しか伝えない）。

「この指導者は虚栄心に満ち、頑固で独裁的だ」（知識人への極度のコンプレックスがあり、先端企業を虐《いじ》め、ビジネスの英雄らを辱《はずかし》める性向が強い。このため中国は悪性のスパイラルに陥る）。

「中国共産党はマフィア組織」（反腐敗といって閣僚級四〇〇名近くと官吏六三万人を更迭した。だが腐敗の権化と言われた賈慶林《かけいりん》だけは外されるという依怙贔屓《えこひいき》が目立った。彼は厦門密輸事件の黒幕だった）。

蔡霞・元教授は人民解放軍の幹部の子女（紅二代）。体制内の政治理論学者として江沢民政権時代には「三つの代表」の情宣に協力した。習近平が校長だった党の高級幹部養成機関・中央党校の教授として習近平の直属の部下だった（二〇一二年に定年退職）。

米国へ亡命しても中国共産党の迫害が絶えず、それでもこのままでは中国は没落する危険が高いとして筆を執った。習が総書記になったとき「えっ、あんなのが！」と絶句し、「彼はIQが低い」と呻《うめ》いた。

なかでも習近平の独裁は「北朝鮮化」しており、頻度はげしく開く会議は習の独演会であり、誰の発言にも耳を貸さず、王岐山がひとこと発言しただけで彼を遠ざけた。

この話を裏付けるのは王岐山は習政権二期目からトップセブンを外されても、重要式典には「八番目はわたし」と金魚の糞《ふん》のように必ずついてきた光景を何回も見たからだ。

中国共産党政治局会議や幹部会では、全員がメモをとるだけだと女史は指摘した。北朝鮮の

蔡霞

江沢民

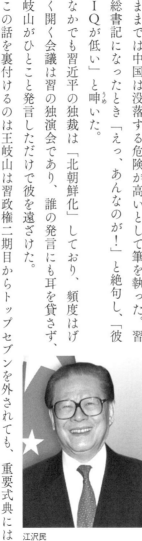

独裁者の金正恩と同じではないか。

同じ風景を筆者はトルクメニスタンで見たことがある。現地のテレビ放送でやっていた閣議は、参加者が必死の形相《ぎょうそう》でメモをとりつつ、なるべく独裁者とは目を合わせないようにしている珍奇な場面（それを放送する神経もどうかしているが）に出くわしてぞっとしたことがある。

中国経済を破滅に導く幹部たち

習近平はゼロコロナからフルコロナに転換し、「感染輸出」を始めた。

二〇二二年師走に「コロナ対策に勝利した」と宣言した。白を黒というのが中国の為政者の特質であるにせよ、ゼロコロナ政策が大失敗に終わったことは明らかである。しかるに海外旅行を含め春節に三億八〇〇〇万人が旅行にでた。海外にウイルスをばらまいたのである。

二〇二三年一月一八日、英国の疫病統計で定評のあるエアフィニティは、「中国におけるコロナの一日の死者は三万六〇〇〇人」とした。ということは年末までに死者は

毛沢東

一〇〇〇万人を超える計算になる。

習近平は勝利宣言の舌の根も乾かぬうちに「猛烈で深刻な状態が地方で見られる。コロナに立ち向かう医師団の貢献を称え、希望を持ち、この困難に立ち向かうのだ。我々の政策は正しいのだ」と強調した。虚《うつ》ろな響きにすぎない。

毛沢東の「大躍進」の実態は大飢饉だった。三六〇〇万人から四五〇〇万人が死んだ。文化大革命での死者は少なくとも二〇〇〇万人だ。

感染拡大ニュースに追い打ちをかけたのは中国の劇的な人口減である。

大躍進中、農業は人民公社の下で編成され、私有地の耕作は禁止された。写真は人民公社の食堂

一人っ子政策をやめたのに六一年ぶりに人口減という深刻な状況となった。当局は農村から都市への集中が原因としたが、若者たちの人生観の激変ぶりについては触れていない。

経済の悪化は誰が見ても明白だが、新首相の李強（前上海市党委員会書記）は経済のド素人。手柄は上海にテスラ工場を誘致したことだけなのである。

同年三月の全人代で韓正がナンバーツーの国家副主席に就いた。韓正は二〇二二年秋の党大会で政治局常務委員を引退し年齢制限に抵触する人物。ロートルであり、そのうえかつては江沢民派の重鎮だった。

国家副主席といえば毛沢東時代には朱徳、ウランフ、劉少奇らが就任した「飾り」にすぎなかったが、江沢民時代からは次期後継者もしくは大番頭格の政治家が就いた。

韓正は浙江省生まれ、華東師範大学に学んだ。二〇一九年に上海市書記のポストを李強に譲り、習近平政権二期目はトップセブンの仲間入り。以後は習近平にすり寄った。つまり、習近平の思惑は経済担当ポストに適任者を選ばず、上位のポストから次期後継候補を排除し、老齢政治家を「つなぎ」とするのである。それゆえ中国経済の近未来は暗い。

「借金の罠」の罠に自ら落ちた中国

二〇二三年二月一〇日、「中国の代理人」とまで言われるフン・セン・カンボジア首相は北

韓正

李強

京へ出向いた。

　両国間にもすきま風が吹いており、紛糾するカネの問題をいかに解決するか、お互いに腹の探り合いである。ましてフン・センの息子は政権後継に最有力だがアメリカ士官学校卒の親米派である。

　習近平主席が外交の目玉に掲げてきた「一帯一路」は世界六〇カ国以上に合計六〇〇〇億ドルとも一兆ドルとも見積もられるプロジェクトを運んでバラ色の未来が語られた。

　やがて援助を受けたはずの国々、たとえばスリランカ、ジブチ、パキスタン、ザンビアなどで借金が返せないという深刻な問題が発生し、担保として港湾が中国の軍港に化けた。ジブチに到っては一万の中国兵が駐屯する軍事基地を借金の担保として取られた。そのうえ駐在する日本の自衛官が、ジブチ軍に十数時間にわたり拘束されるという事件も二〇二一年一〇月におきている。首都ジブチ市内で、陸自部隊司令部の情報幕僚と地域情報班長の二人が、中国の軍人をスマートフォンで撮影したところジブチ軍警備隊が拘束、スマホを押収した。日本側の抗議で十数時間後に解放。スマホは後日返還されたという。

フン・セン

カンボジアに話を戻すと、私は数回取材に行っているが、カンボジアはあたかも「中国の経済植民地」のごとしである。首都プノンペンに林立するマンションはほとんどが中国資本。学校も中国語だけのところがある。シアヌークビルには五〇軒の中国系カジノホテル。不法移民を含めて三〇万人の中国人。その大半が重慶からきたマフィアという。しかも近くのリゾートホテルを拠点としていた日本人の詐欺グループ一九名が拘束されたのもシアヌークビルだった。

近くのレルム海軍基地は中国軍の基地化する可能性が高いと米国はたびたびフン・センに警告を発してきた。二〇二三年四月にはカンボジア海軍と中国海軍とで海上封鎖、機雷駆除など、本格的な軍事演習を展開した。

習近平とフン・センの首脳会談で中国は言い放った。

「『借金の罠』とは西側のレトリックであり彼らが過去にさんざんやってきたことのレプリカだ。中国とカンボジアの関係は『六角形のダイヤモンド』だ」

よそよそしい修辞であるが、習近平はこう続けた。

「中国とカンボジアの一帯一路プロジェクトを、さらに開放的で透明性を高め、高質で、バランスがとれた、持続可能なものとする」

中国はフン・セン首相に「西側のメディアのいう『債務の罠』なるものはでっち上げであり、中国の信用を失墜させるために仕掛けられたのだ」と説明した（「環球時報」、二〇二三年二月一一日）。つまり「債務の罠」論は西側の基準と価値判断に基づいて負債を政治化、イデオロギー化した西側中心の理論の複製だと強弁したのだ。

「中国の代理人」と言われるフン・セン首相にまで、このような苦し紛れの説明をしなければならないのは世界的規模で中国の批判が渦巻き、対応に苦慮し始めた証左であろう。

中国は「融資のほとんどは米ドル建てであって、もし債務危機がおこるとすれば、ドルの利上げが原因である」と責任を他者に転化した。そのうえで、「カンボジアの現在の累積対外債務は九五億ドル強で国際通貨基金が設定した債務圧力の上限を下回っている。カンボジアは対外債務を管理している」という論理を組み立てた。

ほとんどが嘘である。プロジェクトが決まると、中国から労働者、セメント、クレーンなどを持ち込むが、これらは人民元建てであり、輸出時の契約がドル換算にすり替わる。最初からトリックである。

中国はドル建てで契約書を書かせて、これを非公開とし、中国輸出入銀行などが融資したことにし、その対外債権をドルベースで増殖させてきたのである。またドルの利率より、中国が貸し付ける金利のほうが高いという不都合な真実を隠蔽している。

フランスのナティクシス銀行の調査では、中国の二〇二〇～二〇二一年の一帯一路関連投資は二〇一五～二〇一九年と比較して六二％の激減ぶりで、とりわけアジア向けの融資は二一〇億ドルから七〇億ドルとなっていた。

世界を俯瞰《ふかん》しても「中国に否定的」となった国々が増え、西側ばかりかアジア諸国でも（とくにフィリピン、インドネシア）中国に強い不信感を抱いている。

中国経済「悪夢の数字」

世界銀行は中国の二〇二二年度のGDP成長率が二・七％だったとした。二〇二三年予測は八・一％から四・三％へ大幅な下方修正をした。

貿易統計で中国の同年一一月速報では、輸出がマイナス八・七％、輸入はマイナス一〇・六％、消費もマイナス五・九％を示した。したがって世界銀行の数値は異様に高いのではないかと多くのエコノミストが疑問を呈している。加えて不動産バブルが破裂し、デベロッパーや関連下請け、建材メーカーから広告代理店に夥しい倒産、現場労働者の失業が発生した。あまつさえコロナ禍でサプライチェーンが寸断されたため部品が供給されず、工場が稼働しない。鴻海精密工業などでは従業員のストがおこり、多くの外国企業は操業を止めた。

経済活動が深く沈んでおり、ビッグ・テック各社も大量のレイオフを実施しているというのに政府のだした高い成長率予測はおかしい。ＩＭＦは二〇二三年の世界経済成長予測で米国は一％、ユーロ圏は〇・五％、日本は一・六％とした。中国の予想はＩＭＦが四・四％としたが世界銀行より〇・一％多い数字で歩調を合わせた。

数字の矛盾例をあげておくと、中国の住宅ローン金利は四・三％で「高度成長時代の五・七％平均だったから「低金利」なのである。しかしＩＭＦ予測で中国のＧＤＰ成長が四・四％だと仮定しても〇・一％の差しかない。しかも住宅価格は落ち込んでおり、投資した人たちがローン支払いなどばかばかしくてやっていられない雰囲気になる。そのうえマンションを購入したのはほとんどが共産党員だ。党内で不満が爆発しているのである。

もう一つ。中国の少子高齢化によって年金基金のシステム運営がリスクにさらされている。二〇二三年二月二六日に北京で開催された「資産管理フォーラム」に出席した周小川《しゅうしょうせん》（元人民銀行総裁）は「年金基金は少子高齢化により均衡を欠くようになった」と指摘した（「台北タイムズ」、二月二七日電子版）」。

国連の人口統計学者は、現在の中国の人口は一四億人から二〇五〇年には一三億人、今世紀末までには約八億人にまで減少すると予測している。

中国は富裕に見えて、実は財布にはカネがないのである。

二〇二三年一月末から二月初旬にかけて、武漢と大連で久々に大規模な抗議行動が発生し、在米華字紙などは「数万人」のデモにふくれあがったと報じた。とくにデモが激しかった武漢と大連の抗議者たちは何が不満だと騒いだのか？

「白紙デモ」（若者らが真っ白のプラカードで無言の抗議行動）ではなく、今度は「白髪デモ」だった。地方公務員ならびに国有企業の退職者が市政府庁舎前に集まり、政府当局者に、退職者への毎月の医療補助金の額が大幅に削減され、その理由を説明するよう求めた抗議行動だった。

年金基金の破綻の兆《きざ》しが見えているが、退職年金の健康保険基金も底をついたという話である。現実に手当が二六〇元から八三元に

周小川

中国での規制をめぐり「白紙」デモ　©AP/アフロ

減額された。中国では薬品が高価で、八〇元（日本円で一六〇〇円弱）ではまともな風邪薬も買えない。説明では「薬代を減らす」というが、もともと中国で薬は健康保険の対象外である。

二〇二三年二月一日から「武漢の従業員のための基本的な医療保険の外来患者共済保障に関する実施規則」が施行された。

武漢医療保険は医療保険参加者の外来治療費を医療保険貯蓄基金の支払い範囲、その個人口座の割合を調整する。被保険者は最初に年間五〇〇～七〇〇元の医療費を支払う必要があり、医療保険基金はそれを超える医療費を保険の範囲内で払い戻すことができる。一般外来診療費の支払限度額も規定されている。極端に言えば高齢者は薬局にも行けなくなる。

「国が毎月補助金を出してくれれば問題はないが、私たちが支払った労働収入である」と抗議集会の参加者等は批判した。武漢にはおよそ二〇〇万人の退職労働者がいる。しかも武漢はコロナの震源地。二〇二二年師走まで都市封鎖が続いていた。

武漢肺炎が大流行のときに、中国中央テレビは国際医療保険局の関係者の言葉を引用して、「中国は世界最大の基本的な医療保険ネットワークを構築しており、一〇億人の中国人が医療と医薬品を買う余裕がある」と別世界の夢物語を獅子吼していた。

日本と中国の保険制度を比較してみると、日本は国民皆保険制度で原則三割負担（高齢者などは二割）である。

中国の公的医療保険制度は戸籍による区別が厳格で、都市職工基本医療保険（強制加入）は都市で働く会社員（農村戸籍者も含む）、自営業者、公務員が対象だ。都市・農村住民基本医療保険（任意加入）は高齢者、非就労者、学生・児童、農村部住民、都市職工基本医療保険の被保険者に扶養されている家族が対象とされる。

地域ごとに運営方法が異なり、給付限度額・自己負担割合も異なる。もし他地域で受診する場合は全額自己負担（一部償還が最近可能になった）となる。日本の制度では全国どこの医療機関でも自由に受診できる。

中国の医療制度は戸籍や就業の有無によって加入できる制度が二つに分かれており、公的医療保険制度でありながら、強制加入と任意加入が並存している。そのうえ患者の希望で全国どこでも受診できるフリーアクセスはない。あまつさえ中国では病院と医者の「質」が大問題だ。レベルの高い医療機関は都市に集中しており、地域間格差が大きい。農村部の住民が、高いレベルの医療を求め、地域を越えて受診する場合、高額な自己負担となるのだ。また病院が等級分けされ、等級が高いほど自己負担割合が高くなる。しかも前払制である。検査や入院時には、保証金も支払わなければならない。

関連して生命保険に触れておくと、中国は社会主義だから改革開放前まで生命保険などの発想すらなかった。

二〇〇〇年代のWTO加盟後、西側の圧力があったため江沢民政権は保険市場を開放した。すると、雨後の筍《たけのこ》のように生命保険会社が誕生し、また外国保険の参入があった。

現在、中国国有、民営、外資系を合計して中国には六二社の生命保険会社がある。筆頭が中国人寿（国有）、次いで平安（温家宝との深いつながりが云々された）、太平洋、新華（国有）、華夏の五社がトップファイブ。外資はアクサ、プルデンシャル、シグナ等が進出している。

改革開放以後、さすがに一四億の人口がある中国では生命保険ビジネスが急伸し、その保険料収入はすでに日本を抜いた。

国名	保険料収入（億ドル）	世界シェア
米国	二兆七一八七億ドル	三七%
中国	六九六一億ドル	一〇%
日本	四〇三六億ドル	六%
英国	三九九一億ドル	六%
フランス	二九六三億ドル	四%

問題点がある。

中国では健康保険基金の流用が頻繁に行われていることだ。たとえば上海書記という高層部ポストにいて汚職で失脚した陳良宇は、自分の土地投機のため上海市職員の健保基金を流用していた。生命保険会社は、インソルベンシー（債務超過）を避けるため株式市場への上場をしないが、中国では生命保険会社も株式を上場していて目が点になる。

この二つだけでも、西側の概念とは天地の開きがある。

ついに崩壊した中国不動産バブル

国有銀行の融資枠は六三兆円。日本の予算（二〇二三年度）の五五％！

この通貨供給の異様さこそ、ステルス・ドラゴンが世界制覇という野望実現の前に障害となる経済のアキレス腱だ。

中国の国有銀行は共産党の命令とあれば、将来の破産、焦げ付き予測など不問として融資する。西側の資本主義原理からは考えられない金融システムである。だからジャック・マーは「中国にはシステムがない」とつい本当のことを喋ったら習近平の怒りを買った。会計監査があまりにも出鱈目《でたらめ》なのでアーンスト&ヤングなど米国四大監査法人は中国から退出する。

中国では銀行融資には賄賂が必要なのが常識。中国工商銀行は碧桂園と万科集団など一二社に六五五〇億円（邦貨一三兆円。以下同じ）を融資する。ちょうど孫正義が抱える有利子債務の合計額に匹敵する天文学的な数字である。以下邦貨換算で中国銀行が万科など一〇社に一二兆円、浦東発展銀行は碧桂園、緑城中国など一六社に八兆八〇〇〇億円、中国郵貯（郵儲）が五兆六〇〇〇億円。これだけでも日本の防衛費予算より多い。

中国建設銀行と中国農業銀行は融資枠を発表していない。合計融資枠は六三兆円からさらに上積みされる。また融資対象に問題の恒大集団が含まれていないのも妙である。

中国の不動産価格の値崩れは激甚で、二〇二二年一一月期速報で、二〇二〇年同月比の半分。つまりマンション価格は半値となっている。バブル崩壊でかつて日本経済はペシャンコになった。中国はこの再来を防ぐためにデベロッパー大手に資金をぶち込み、人為的に救済し、緊急融資でその場しのぎの生命維持装置をつけるわけである。

この巨額資金をどうやって捻出するのか？

打ち出の小槌は裏付けもなく輪転機を回すことだが、近年の中国の資金調達方法は債権起債である。つまり借金を新たに投資家からかき集め、前の借金を返済する。なんだかネズミ講に似ている。悪性スパイラルで債務は雪だるま式に累積されていく。

二〇二二年一二月一二日に中国財政部は「追加」の特別国債を一二兆円発行した。この追加分だけでも日本の防衛費の二倍だ！

二〇二二年度中に中国が起債した「インフラ債」の発行額は七八兆円で、二〇一九年比で二倍強。主に地方政府のインフラ整備が目的だが、金利が三・七％平均だ（ちなみに二〇二二年度の中国GDP成長率は二・七％に下方修正された。金利のほうが一％高い）。将来の返済はケセラセラになるのか、当面は利払いに追われるから、こうした借金体質はもはやパキスタン、スリランカ、ウクライナと同列になった。

ウォール街追放で歪んだ錬金術に動く中国企業

さらに奥の手を出した。新規工場建設やブランニューの製品開発も予定しないのに、中国が公的に梃子《てこ》入れする企業を片っ端から上海、香港にIPO（新規株式公開）させ、カネをかき集めるという挙にでたのだ。

というのもウォール街から中国企業が追放され、次に米国の中国制裁リストは新しくYMTC（長江存儲科技）などを加えた。トランプ政権時代に商務省が作成したエンティティリストにはファーウェイ、GTEなど六十数社が掲載され、その後、大学で軍事研究をしている哈爾浜《ハルビン》工業大学なども加えられた。

バイデン政権となると「人道」「人権弾圧」、とりわけウイグル自治区で生産されるコットン製品や監視カメラのハイクビジョン、ダーファなど一五五社が追加され、あげくにウォール街に上場の中国企業を締め上げてきた。電信大手三社など中国の有力企業は陸続と米国株式市場から撤退し、上海、深圳、なかには香港やシンガポールに上場先を変更した。同時に米国ファンドが中国投資を顕著に減らした。

二〇二三年三月二日、バイデン政権はさらに遺伝子、クラウドに従事する二八の企業、団体をブラックリストに追加した。これで中国企業の「WANTTED」は六三九社となった。なかには遺伝子解析の華大基因（BGI）、関連企業BGIリサーチ、サーバー大手の浪潮集団、CPU（中央演算処理装置）の龍芯中科技も追加の禁輸対象となり、それぞれの株価は一〇～一七％下落した。

この状況変化に対応し、資金不足の企業を上海の「科創板（ナスダックに相当）」と深圳株式市場の「創業版」（マザーズに相当）に上場させるという別技を使い始めたのである。

すでにチャイナモバイルは五二〇億元を、CNOOC（中国海洋石油）は三二三億元を起債した。

二〇二二年にこれらの中国企業のIPO総額は邦貨換算で一二兆円にのぼった。凄まじくも歪んだ錬金術である。

こうした流れのなかで株式上場斡旋「ルネッサンス・ホールディング」のCEO包凡が「行方不明」となったことはすでに述べた。憶測だが当局の管理外でユニコーン企業の上場を何社か実現させたことが習近平の逆鱗《げきりん》に触れたのだろう。

ジャック・マーの「アント上場中止」と同様に中国共産党が承知しない、勝手な錬金術を許さないということである。

かつて中国の大ベストセラー作家、林語堂は言った。

「中国語文法における最も一般的な動詞活用は、動詞『賄賂を取る』の活用である。すなわち、『私は賄賂を取る。あなたは賄賂を取る。彼は賄賂を取る。私たちは賄賂を取る。あなたたちは賄賂を取る。彼らは賄賂を取る』であり、この動詞『賄賂を取る』は規則動詞である」（『中国＝文化と思想』、講談社学術文庫）

中国を脱出する富裕層

イギリスに「ヘンリー&パートナーズ」という合法的にパスポートを売る企業がある。同社の発表によると二〇二一年の世界一強力なパスポートは日本とシンガポール。日本は四年連続の一位である。二位はドイツと韓国。判定基準はビザなしで世界の幾つの国へ行けるかであり、日本は一九二カ国が対象となる。

だからといって中国人が日本のパスポートを取得することは、日本人配偶者を見つけるか長期滞在以外は無理だ。なぜなら日本は二重国籍を原則として認めないからである。

したがって、ヘンリー&パートナーズに依頼して中国人富裕層が取得するパスポートは豪や英国、米国のように人気があっても手続きが難しい国々と、当該国の不動産購入、あるいは一定金額を超える投資と付帯する雇用の保障などによって取得が比較的容易な国々とがある。

抜け道がバヌアツ、アンティグア・バアブダ、セント・ルシア、モンテネグロ、グレナダ、マルタなどである。たとえばバヌアツは三〇〇〇万円以上の不動産投資でパスポートが取得できる。現地で聞くと巧妙な手口があって、一五〇〇万円でも取得可能という。だからバヌアツの首都ポート・ビラの目抜き通りの商店街の八〇%以上が華人経営、中華レストランとホテルは中国人だらけだ。四年ほど前に私がジャーナリストの高山正之、福島香織らと滞在したときに見聞したことである。

こうした方法で外国籍を取得した中国人は二〇二二年に一万八〇〇〇人。これらを含む対外投資による外貨流出は一五〇〇億ドルだった。

資産五〇〇〇万ドル以上と推定される大金持ちが中国には三・二万人いる（クレディ・スイス、二〇二二年八月調査）。加えてゼロコロナからフルコロナに政策変更の中国では二〇二三年中に海外旅行外貨として二〇〇〇億ドルが流れ出ると予測されている。表向き海外旅行は一人一年間で五万ドルに制限されているが、地下銀行の動きが活発になっている。

超金持ち中国人はシンガポールに住むのである。

絶望する中国のZ世代

他方、ロックダウンで二カ月以上も閉じ込められていた中国の若者たちには、メンタルの落ち込みが顕著となった。

若い兵士を含む中国人のZ世代（一九九〇年代半〜二〇〇〇年代生まれ）の海外移住願望は

強く、日本に移住した数は一説に七八万人とも言われている。

これは深刻な問題である。

雨後の筍のように中国各地に大学ができた。日本も大学が多いが、中国の即席大学はキャンパス整地が遅れ、泥道で、バスはこない。いや、そもそも簡単につくりすぎたのでまともな教授がいない。図書館には蔵書がない。実験室には器具が揃っていない。キャンパスの芝生は泥《でい》濘《ねい》のまま。

雇用側にとって人気があるのは理工系である。文化系、とくに思想とか哲学専攻の学生などは敬遠される。そうした中国企業が景気後退、不況の荒波で新規雇用のゆとりをなくした。新卒者が欲しい企業は不動産販売だが、訪ねてくる学生はいない。中国の二〇二三年の大学新卒は一一五八万人で、予測される新規雇用は六〇〇万人。

それでは、就労にあぶれた学生は何をしているか。

家庭教師も予備校講師もインテリが嫌いな習近平の命令で禁止され、およそ一〇〇〇万人の教育関連の失業者がでた。「ウーバー・イーツ」(出前)でも客の取り合いを演じている。肉体労働現場も不動産の不況でクレーンが止まっている。

そこで雇用されるより、もう少しモラトリアムがほしい学生は大学院に進学。あるいは海外留学となる。二〇二二年度、大学院へ三〇〇万人の志願があった。

半世紀前、中国からの留学生には凄まじいハングリー精神があった。目が血走り、あらゆることに好奇心があり貪欲で、かつ真剣だった。

それがいまやふにゃふにゃのお坊ちゃん、ファッションにしか興味のないお嬢様たちと様変わりした。もし国防動員法が発令されても、この遊学生諸君らは日本国内でスパイ活動や破壊活動をまともにできるとは思えない。

そこで海外留学生、研修生や移民の動向を見張るために世界各地に秘密の中国の「駐在警官オフィス」が設置されたのだ。米国司法省は「中国の監視機関は世界一〇二カ国にあり、中国企業、とりわけソフトウエア開発や通信企業、ビデオゲーム企業などが秘密監視機関と連携し監視行動をしている」と警告した。

巨大な矛盾の噴出である。もともと矛盾だらけの国だから驚くことでもないが……。

中国人の土地所有を禁止する米国

日本でも中国人による土地購入が問題とされているが、米国も同様である。米国は各州で法律が異なり、州によっては外国人の土地購入に制限がある。軍事基地の隣接地ならびに農地の取得については原則禁止が多い。この法の網をくぐり抜けてかなりの農地が中国企業に買われた。ダミーを利用して豚肉加工や養豚工場への転用例が多いという。

かつてヴァージニア州南部には大規模なダンリバー繊維工場があって一万七〇〇〇名が働いていた。中国との価格競争に負け、二〇〇四年に破産した。煙草の産地として知られる同州は北東部が軍港である。北部は首都ワシントンDCにつながっている。ちなみにペンタゴンはワシントンの橋を渡ったところに位置し、住所はヴァージニア州だ。ワシントンへの通勤圏として中間層の団地も多い。ちょっと脱線するが、筆者は一九八八年にヴァージニア州リッチモンド経済事務所の植田剛彦・日本代表と一週間、同州北部の企業などを取材した経験がある。当時は米国経済の低迷期で日本企業の工業団地誘致にことのほか熱心だった。

時代は変わり、EVブームに乗じて、中国が三五億ドルを投じ、大規模なリチウム電池工場をヴァージニア州に建設し、二五〇〇名の雇用が謳われた。

フォードが中国企業と組んでリチウム電池工場をぶち上げたので地元は歓迎した。ところが二〇二三年一月にヤングキン知事はこの建設を却下した。雇用を期待した向きは衝撃を受ける一方で、中国企業の進出そのものが米国にとっては脅威と認識される状況となった。トランプ前大統領はこの決定について「ヤングキング」と賞賛した。

この投資プロジェクトはフォードの提携先、EV用電池で世界最大手のCATL（寧徳時代新能源科技）で、知事の却下理由は、「CATLは中国共産党の『前衛』であり、世界支配という目標しか持たない独裁的な政党」であることをあげた。

ヴァージニア州からテキサス州にかけての八つの州では中国人ならびに企業団体の土地取得を排除する州法の改正、あるいは立法、行政措置が続いている。テキサス州議会などの法案や行政措置は、ロシア、イラン、北朝鮮、中国を対象としている。テキサスは伝統的に共和党タカ派が強い選挙区域だ。

アメリカ人の八割前後は中国に対して「好ましくない意見」という世論調査がある。加えて中国のスパイ気球飛行は、核ミサイル基地を擁する農業州を通過したことでアメリカ人の中国不信に烈《はげ》しい火をつけた。

中国人の土地所有、あるいはマンションの購入も禁止する法案が準備されている。トランプ前大統領は、二〇二四年に再選された場合、米国の農地への中国の投資を禁止すると約束している。

またトランプの対抗馬となりそうなフロリダ州のロン・デサンティス知事は、中国の土地所有を法律で禁止することを支持すると明言した。

連邦議員は監視を強化し、中国人による農地の購入を制限する法案を準備しており、下院議長のケビン・マッカーシーは農場問題を優先事項にするとした。

二流の指導者が追い込まれると、台湾侵攻→技術戦争→中国企業排除

鄧小平《とうしょうへい》が一九八〇年に次の言葉を残したことを樋泉克夫（愛知県立大学名誉教授）が教えてくれた。

「幹部らは職権を乱用し、現実からも一般大衆からも目を背け、偉そうに体裁を装うことに時間と労力を費やし、無駄話にふけり、ガチガチとした考え方に縛られ、行政機関に無駄なスタッフを置き、鈍臭くて無能で無責任で約束も守らず、問題に対処せずに書類を延々とたらい回しし、他人に責任をなすりつけ、役人風を吹かせ、なにかにつけて他人を非難し、攻撃し、民主主義を抑圧し、上役と部下を欺き、気まぐれで横暴で、えこひいきで、袖の下を使えば、他の

汚職にも関与している」

中国人自身もバブル崩壊後の不景気に疲労し、またストレスがたまるとデモ、抗議集会、やがて暴動になる。

これまでにもいくつかの拙著などで予測したことだが、中国経済が死に体となり、近未来の展望が真っ暗だと、二流の指導者は必ず対外戦争を仕掛けて矛盾のすり替えをやる。

ゆえに台湾侵攻という危険なシナリオは、あり得ない話ではなく、時間の問題である。中国共産党のトップ人事、軍事委員会のハイテク重視という配置をみると政治局二四名のうち六名が軍人ならびに軍需産業から選ばれた。戦争準備完了なのだ。

習近平は連続して好戦的な声明を発表し、「断固として台湾の独立に反対し、これを封じ込める」と公言している。明らかに状況はエスカレートしている。

台湾の軍事専門家は「中国は台湾に内部の不和とパニックをまき散らすことを当面の目標としています。この肥大化した中国の軍事力とその政治的野心と拡張主義を世界が知れば、台湾は国際社会からより多くの支援を得られる。台湾が企図するのは権威主義的な支配からの安全であり、自由、民主、人権を重んずる民主主義国家は結束して、現状を変えようとする中国の試みに抵抗すべきだ」と訴える。

米国で例外的に開戦に懐疑的なのはデニス・ブレア元米国家情報長官だ。「中国にとって台湾侵攻はリスクが高すぎる。近く発生する可能性は低い」として、ロシアのウクライナ侵攻と比較し、「地理的にも経済的にも台湾侵攻は困難なうえ、侵攻に失敗すれば共産党の国内統御が揺らぐだろう」と分析した。

しかし軍備の拡充実態をみると中国の台湾攻撃が容易なレベルに達しており、米国との地域的戦闘がおこっても相手にかなりの犠牲を強いることが可能な軍事力を備えた。

そこで問題となるのは次世代兵器であり、その根幹は半導体だ。しかもその基本が半導体製造装置である。これは日・米、オランダが寡占し、中国がよだれを垂らして欲しがっているハイテクである。

二〇二二年一一月に中国は安徽省の合肥で「世界半導体国際会議」を開催した。目的は「サプライチェーンの安定化」で「合肥イニシアティブ」と銘打たれた。だが目標の達成は米国の制裁によってかなり遠のいた。

現在の中国が持つ設備、能力、人材（北京大学はアジア一と認定された）などから推量できることは「AI主導の軍事アプリケーション」、5Gネットワークはファーウェイが世界最大、

AIのドローン誘導技術および生産量も中国が世界最大である。たしかにハイテク高度化に5ナノメートル（一〇億分の一メートル）以下の半導体が必要だが、中国は開発コストを度外視すれば、すでに開発能力だけはあるのだ。

米国はイノベーションの基礎研究に巨費を投じてきた。中国も二〇一九年統計でGDPの二・一%を研究開発に投じるようになった。中国の猛追ぶりに焦る米国は、巨額の補助金をつけて台湾のTSMC（台湾積体電路製造）をアリゾナ州に誘致し、一方で日本とオランダの半導体製造装置メーカーに中国に輸出しないことを要請。さらに追い打ちがエンティティリストの作成だった。

米国はファーウェイ、SMIC（中芯国際集成電路製造）、テンセント、ハイクビジョン、ダーファなどビッグテックに加えて鳴り物入りの中国新興企業であるYMTC（長江存儲科技）とCXMT（長鑫存儲技術）を急遽ブラックリストに加えたのだ。

武漢郊外のハイテクセンターに位置するYMTC本社工場は清華大学系「紫光集団」の経営破綻と米国商務省のブラックリスト入りと、日本が納入予定だった半導体製造装置が禁輸となったため雇用縮小、米国籍など外国人技術者は離職を余儀なくされ新規採用を取り消した。

安徽省合肥にあるCXMT本社も同様で、本格稼働は三年遅れるとしている。

東洋哲学の大家、鈴木大拙が箴言《しんげん》を残している。

「人間のみにみられる特異な点は、さまざまな道具を作るようにできているということです。名はまた道具でもあります。われわれはそれでもって対象を扱います。しかし道具の発明によって『道具の専制』が始まります。われわれの心はさまざまな道具が作れるように便利にできているのですが、道具が専制的になれば、我々が道具を使うのではなく、道具のほうがその発明者に反抗し報復するようになります。つまり、われわれはわれわれの使う道具の道具にされるのです」

マイクロソフトのCEOが発言しているように「そのときはAIを破壊しなければならない。あくまで人間のために開発している」。これがアメリカ流の解釈であり商務省は16ナノ程度の低級の半導体ですらインテルとクアルコムに対して三月一日からファーウェイへの輸出全面禁止の挙にでた。

スウェーデンのレアアース鉱脈発見で脱中国が加速

ハイテク戦において、レアアースは戦略物資である。これまでレアアースは中国が寡占してきた。

供給が止められたらサプライチェーンは機能しなくなる。しかし数年前に日本企業に対してレアアース供給を中断された事件以後、西側の対応が進んだ。レアアースがなければコンピュータの高度化はあり得ずスマホを製造できない。

二〇二三年一月一二日、スウェーデン国営企業LKABは膨大なレアアース鉱脈が見つかったと発表した。朗報である。ストックホルムから北へ一〇〇〇キロ、ラップランドと呼ばれる地域で埋蔵量はおよそ一〇〇万トンと見積もられている。ノルウェーとフィンランドに挟まれた寒冷地帯である。

レアアースは多くのハイテク製品の製造に不可欠な素材で、EV、スマホから風力発電用タービン、携帯電子製品やマイク、スピーカーなどに広範囲に用いられる。日本企業は製造技術を誇ってはいるものの、素材確保に汲々としている。醤油や豆腐メーカーに大豆が入らないとどうなるか。中国はレアアースの輸出コントロールが可能な立場にある。

鉄鉱石で世界七位のLKABは従業員四〇〇〇名のうち、七〇〇名が外国人労働者。CEOのヤン・モストロムは「スウェーデン国民にとって朗報なだけでなく、欧州にとっても朗報だ」と述べた。

しかしスウェーデンは少数民族保護と環境保護に多くの制約があり、「年内に採掘許可を申請するが実際に採掘されるまでに、一〇年以上はかかるだろう」という。費用対収益という商業的なことではなく西側の病ともいえる「環境保護」への対応が頭痛の種である。中国は環境破壊などまったく無視してレアアース採掘を続けるので寡占状態を維持し価格を身勝手に形成している。

すでにレアアース最大級の鉱脈は米国で見つかっているが、採掘に着手できない。バイデン政権が環境保護を楯に鉱山開発を許可しないからだ。テッド・クルーズ上院議員（共和党）らがこの規約撤廃に動いている。

レアアースの世界シェア上位は中国企業で筆頭格は南方稀土（チャイナ・サザン・レアアース・グループ）。二位は北方稀土（チャイナ・ノーザン・レアアース・グループ）で内モンゴル自治区にある。三位は豪州のライナス・コーポレーションで採掘した鉱石をマレーシアで精製している。四位は中国の五鉱稀土、五位はインドのインディア・レアアース。市場規模は世界全体で八〇億ドル。

こうした状況にもかかわらず、迅速な国際情勢の激変に適切な対応が取れず、米国追随しかない日本政治の貧困さが改めて浮き彫りになった。

第六章

「認知戦争」ではすでに負けている

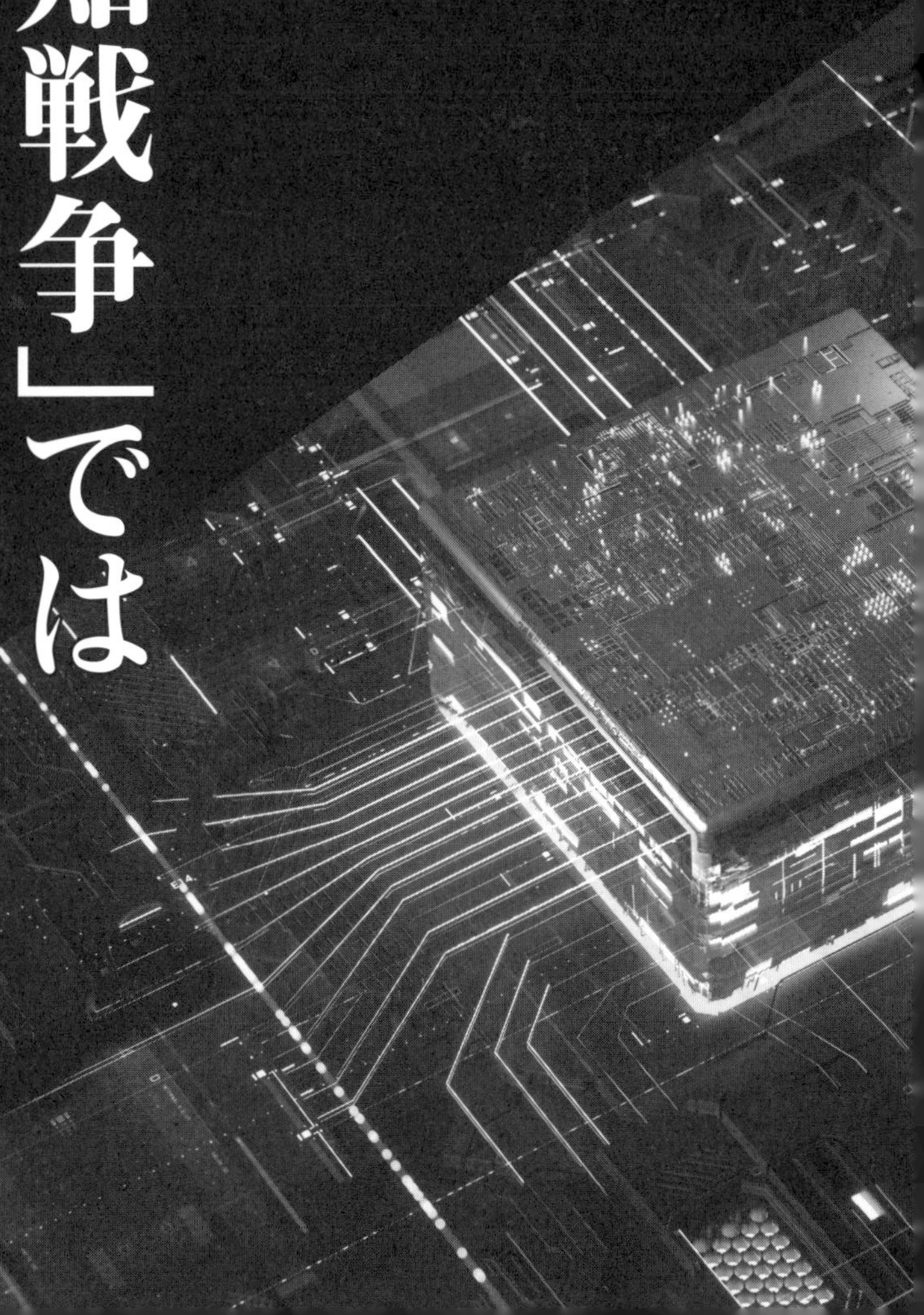

「認知戦」と「超限戦」

中国が最も力点をおく作戦は「認知戦」である。人間の脳などの認知領域に働きかけて、その言動をコントロールする戦いのことで、「令和四年版防衛白書」でも、その脅威が取り上げられていた。銃器、火力で殺し合いをやらなくても戦争に勝つ謀略戦である。孫子のいう上策は戦わずして勝つこと、下策は実際に武力行使をともなう消耗戦。ステルス・ドラゴンは謀略を用いて台湾を呑み込む腹づもりである。

NATOは「非物理的（Non-Kinetic）」を、

・心理戦（Psychological Warfare）
・電子戦（Electronic Warfare）
・サイバー戦（Cyber Warfare）
・情報戦（Information Warfare）
・認知戦（Cognitive Warfare）

と分け、戦争が物理的破壊を主とするものから、社会やものの考え方（イデオロギー）に対するものに変化しつつあると指摘。認知戦は、従来の非物理的戦争と多くの共通点を持つが、相手に対するインパクトの観点からより「危険な戦争」だという。

米国情報筋は中国、ロシアのSNS浸透作戦による相手国のマインド・コントロールを「認知作戦」（Cognitive Operation）と呼称する。台湾は「認知域作戦」（Cognitive Domain Operation）と、もう少し細かな議論を展開している。

「認知戦争」という新しいタームは豪のシンクタンクに集ったエミリー・ビエンベニュー、ザック・ロジャース、そしてシアン・トラウスらによって最初に提議された。

エミリー・ビエンベニュー女史は豪防衛科学技術グループのシニア・アナリスト。彼女の研究は戦略的資源としての信頼、戦争の性質の変化、紛争よりレベルが下の競合状況も含む。ザック・ロジャースは米国・アジア政策研究センターの上級研究員。南オーストラリア州フリンダース大学ビジネス、政府、法律大学で博士号取得。シアン・トラウスはフリンダース大学で博士号を取得、「複合戦闘戦略応答」「複雑な人間システムのモデリング」研究に取り組む。専門分野は国際関係論、信頼理論、外交政策等。

脳科学と防衛とサイバーを結びつけた国防理論であるところが新しい。

認知戦争という語彙《ごい》を駆使した最初の米国軍人はデビッド・ゴールドフェイン将軍（米国空軍）で、「消耗戦争から認知戦争への移行」と述べて、注目された。

なにしろ孫子以来、中国は「戦わずに勝つ」ことに戦略的文化の中枢があり、心理戦の優劣が勝敗を決めるという戦争の本質を理解している。

作戦空間、軍事と非軍事、正規と非正規、国際法、倫理などあらゆる制約や境界を超越し、なんでもありの「制約のない戦争」である中国の「超限戦」と、ロシアの「ハイブリッド戦争」は同質のカテゴリーと解釈して差し支えないだろう。中国では認知戦を「智能化戦争」と提唱している。

デビッド・ゴールドフェイン

認知戦の目的は、外部から公共または政府の政策に影響を与え、既存の制度を不安定化させることにある。

たとえば、新型コロナ感染拡大時に、ロシアと中国は自らの〝民主主義制度〟がいかにアメリカ型の民主主義より優れているかという認知戦を遂行した。また、二〇一六年の米大統領選挙において民主党選挙事務所から大量のE-mailが流出し、ヒラリー・クリントン候補にとって不利とされたが、これにはロシア情報機関の関与が認められている。また、経済制裁により、経済や社会に不安定を生起させることも認知戦に該当する。

ソ連時代のバルト三国に対する政策もそうだ。ソ連の影響下にある政府を樹立し、西側からの干渉を排除した。

国家に限らず、アルカイダのような国際テロリストも普段から認知戦を行っている。「インフルエンサー」と呼ばれるネット上で強い影響力を持つ人たちを利用して、自分たちにとって都合のいい思想を拡散するのである。

「見えない戦争」の本質

では中国の認知戦を具体的に見ていこう。

上海にある一二階建てビルに数千人のサイバー専門家が集う事実は、ＣＩＡが突き止めている。これは中国人民解放軍総参謀部所属の６１３９８部隊で、ハッカー要員はおよそ五万人と推定される。

指令に基づいた書き込みを下請けするハッカー要員はアルバイト学生、退役軍人らおよそ二〇〇万人。これらは「五毛幇」と呼ばれることは広く知れ渡っている。

しかし福建省にある別のサイバー部隊は人民解放軍の三一一基地所属の「61716部隊」と推定され、中央軍事委員会総政治部（現在の戦略支援組）所属である。

この部隊が対台湾向けの心理戦、宣伝戦を仕掛ける。この謎の61716部隊の存在が台湾の情報機関によって明らかにされた。

二〇二〇年の台湾総統選挙に61716部隊が介入した。

中国は北京の代弁をする政治家の韓国瑜を充てるように国民党トップに示唆した形跡がある。SNS作戦で勝てると踏んだからだ。事実、二〇一九年初夏まで蔡英文の再選は難しいと予測されていた。このことは総統選前後に数回、現地取材に行った筆者も確かめている。

だが台湾総統選は直前までの香港の民主化運動に対しての血の弾圧を目撃し、大衆もすっかり熱が冷めて、「統一論争」が欺瞞《ぎまん》であり、中国が全体主義の怖ろしい国家だったことに改めて気がついた。中国は自ら撒いた種で、台湾での作戦を失敗した。

61398部隊第三旅団に所属する将校5人。FBIがサイバー犯重要指名として手配している

ところが喉元過ぎれば熱さを忘れる。二〇二二年の台湾統一選挙では国民党が優位を回復した。中国はさかんにフェイク情報を流した。ギャンブルサイトなどを擬装して軍資金も供与した。台湾の選挙に偽情報の流布、デマ放送をSNSネットワークを通じて大量に流した。加えて中国華芸広播公司はテレビ、ラジオによる宣伝戦の尖兵《せんぺい》となった。狙いは台湾国民の心理陽動、攪乱情報のみならず、高等で高尚な意見を装ってオピニオン・リーダーの意見を変えさせようと試みた。

「AI革命」と日本のメディアは相も変わらずお花畑でお祭り騒ぎをしているが、最大の脅威はAIを中国が軍事利用目的で優先開発していることである。

「認知戦争」とはマインド・コントロールの応用である。

WGIP（ウォー・ギルト・インフォメーション・プログラム）のSNS版と考えればだいたい的を射ている。

つまり洗脳である。「大東亜戦争は日本が悪い」「戦争指導者は軍国主義に憑《つ》かれていた」「日本は中国で悪いことをした」「『バターン死の行進』は国際条約で禁止された捕虜虐待だった」等々、枚挙にいとまがないほど、これらの嘘放送、偽情報、フェイクの歴史解釈が日本人の認識を転換させた。甚大な精神的被害であり、日本人がいまも国際情勢のまともな分析を避け、戦争と聞くと神経が竦《すく》んで、精神的に立ち上がれない原因である。日本人はアニマルスピリットを失ったのである。

すなわち認知戦とは敵対する指導者、国民の認識の基底をひっくり返す最新の戦争方法の一つで、これがステルス・ドラゴンの仕掛ける「見えない戦争」の本質である。

典型の例証をLGBTQ議論にみよう。オフレコの場で同性婚を嫌悪したとして首相秘書官が更迭された。

道徳体系を破壊するのがフランクフルト学者の長期戦略の基礎。少数者の保護とは本質を隠蔽する彼らの隠れ蓑。あらゆるLGBTQ擁護が全て「進歩的」「国際的」と勘違いしている。古代から日本は同性愛に寛大だったし、信長の時代は同性愛を公言していた。江戸時代になって儒教道徳が鼓吹《こすい》され、同性愛は影に隠れただけである。

民主主義が哲人政治にまさることはあり得ず、プラトンが言ったように少数意見が正しいことは往々にしてある。だがポピュリズムの衆愚政治に陥ると「貝殻追放」がおこり、ソクラテスは死刑となった。

LGBTQに関することは全て少数者の権利保護であり、絶対的に正しく、進歩的、民主的であるというのは刷り込みの結果生じた認知の誤りである。検証をせぬまま、全ての問題を衆愚によって貝殻追放してはならない。

中国の日本洗脳工作

「概念を構築する方法を変える」のが究極の目的であり、「違う概念をそれとなく植え付ける」のである。

それによって大衆世論を誘導し、それがオピニオン・リーダーに影響を与えるようにしむけるという手の込んだ作戦だ。まわりくどいが、狙いは政策決定に大きな影響力を持つオピニオン・リーダーの概念構築(認識能力に影響を与える)である。かつてKGB用語では「影響力のある代理人」「自覚のない代理人」と呼んでソ連の宣伝に活用した。中国はこれに倣《なら》ったのだ。台湾を嗤《わら》えない。中国の政治宣伝の成功例の典型が日本だ。

GHQの強制が基軸となったが、それに悪のりして東京裁判史観で自虐的になった日本のオピニオン・リーダーに、中国は認知変更工作を展開した。すなわち大東亜戦争を太平洋戦争と呼び、南京大虐殺はあったし、疫病対策の731部隊は生体実験をした。日支事変は日中戦争(十五年戦争)等々。すべては嘘だが、真実は隠蔽され、別の概念が強要され、そして思考の前提がすっかり置換されていった。

こうして日本の政官界、ジャーナリズムからアカデミズムの指導層、財界に「贖罪《しょくざい》意識」をまんまと植え付け、心理戦で日本人を圧倒して、中国への賠償に匹敵する援助を引き出し、六兆円を収奪し、あまつさえ日本企業の大量進出をうながした。中国進出の日本企業は将来の人質である。つまり龍の尻尾に便乗し、天にも昇れると錯覚した河童が墜落死したように、無残な結末が見えている。

この基本的な認知戦争の戦場が「サイバー空間」に移行した。新聞を読まずテレビニュースも見ないで「スマホ脳」に堕落した日本の若者を洗脳することなどたやすい作業だ。既存のメディア報道を信じない大衆が増えれば増えるほどSNSを通じた作戦のほうが効果的になる。

この「認知戦争」を中国は台湾と日本に対して二四時間、三六五日、休むことなく仕掛けている。これは「明日の戦争」の先駆となり、戦場は陸・海・空、宇宙からサイバー空間へも移行している。相手の心理、良心、感受性に影響を与える。「マインドを乗っ取れ」という戦法である。

通常兵器の消耗戦から効果重視の作戦へ移行させ、明日の戦争を支えるのはデジタル化され、ネットワーク化されたインフラをベースとする。これに沿ってインテリジェンス、監視、偵察、電子戦争、心理作戦、サイバー作戦を総合して情報をコントロールする。

米国ならびに同盟国はハイテクを防衛し、知財を擁護する政策に転じた。米軍の考えることは総合的で、システマティックである。

従来の戦場での優位性、その実践経験の蓄積があり、米国と同盟国は兵器、そのシステムに改良を重ねた。インターネットとはそもそも米軍の通信網から発展した。宇宙衛星による敵情報のモニターもスパコンによる解析も圧倒的に米国が有利だった。それも昨日までの話である。

西側によって考案され、商業部門に転用され民生活用され、あげくはGAFAM（グーグル、アマゾン、フェイスブック〔現メタ〕、アップル、マイクロソフト）の興隆であり、その中国の亜流（ファーウェイ、テンセント、バイドゥ、アリババ）が世界市場を席巻した。AI最大市場の中国では新登場のチャットGPTには、はやくもバイドゥ（百度）、アリババなどが名乗りを上げている。ただし中国政府はチャットGPTをいち早く禁止している。

こうしてネットワークによるデジタル時代の技術は、摸倣的想像力が豊かな敵対者への戦略的贈り物に化けた。まことに皮肉である。

「認知戦争」は広範な文脈での「情報戦」。狭義に捉えると情報操作である。

常識を見失った日本人

認知戦に嵌った戦後の日本人は常識を喪失した。

たとえば、グローバリズム信仰がおきるのは戦後日本人の国連信仰が基本にあるからだ。

そもそも「ＵＮＩＴＥＤ　ＮＡＴＩＯＮＳ」を直訳すれば「連合国」であり、実質は戦勝国連合であり日本とドイツは依然として敵国条項に扱われている。それが国連とは⁉

得体の知れないグローバリズムが金科玉条となって、当たり前の発言はむしろ退嬰《たいえい》的、時代遅れという妙な価値判断は、欧米の左翼全体主義者の戦術であり、これは文化的マルクス主義といえる。左翼の狙いは国家破壊である。家族単位を破壊することが当面の戦術目標である。

人類の基本は生殖により子孫を増やすことである。生物の本能でもあるが、近年の風潮は、これが時代遅れ、時代錯誤という錯覚の下で正論がさらりと消された。奇妙《きみょう》奇天烈《きてれつ》な発言、というより欧米リベラルの亜流のガクシャやブンカジンがテレビ番組を闊歩《かっぽ》している。基本的論理を大きく逸れた議論を吹きかけて、その前提を壊している。これは左翼特有の戦術であり、まさに認知戦がメディアばかりか、ＳＮＳが戦場と化して日本でも始まっているのだ。

もう一つ例をとると「転向」という左翼用語である。戦前、渡邉恒雄（読売新聞のボス）も徳間康快も田中清玄も林房雄もマルクスにかぶれた。やがて正気に戻り、日本回帰を果たすのだが、マルクスの呪縛《じゅばく》から抜けきれず、物事を深く考えることが苦手な人々が、訳もわからず彼らを「転向」と呼んでレッテル貼りした。それで正気に戻れないもどかしさをごまかすレゾンデートルを得ようとしたのだ。

頑迷に嘘の歴史を信じる人は歴史の真実を正視できず、本当のことを主張すると、「歴史修正主義」のレッテルを貼るのと同じである。

日本人の意識改革

世の中には物事を深く考えない人が多い。現象的な泡を見て本流だと錯覚する愚民は、欧米のプロパガンダ作戦の一環として操作された作為的な情報を信じて疑わない。

日本のメディアはしょせん英米の複写機だから西側の偏向、独自の歪曲《わいきょく》史観に基づく一方的な政治宣伝を押しつけられていることに気づかず、自分たちが情報通のエリートだと自信過剰になっている。すべては間違っているが、その原因は何か。

馬渕睦夫&渡辺惣樹『謀略と捏造の二〇〇〇年戦争』（徳間書店）のなかで馬渕（元ウクライ

ナ大使）が切り出す。

「克服しなければならないのは、共産主義への誤解です。左翼が言うような労働者を解放する人道主義思想でもなければ、資本主義崩壊ののちに起こる『歴史の必然』でもありません。共産主義とは、国の資源と大衆を効率よく搾取管理する一握りのエリート支配層のための思想であり、独裁政治になるのは必然なのです」

渡辺惣樹が続ける。

「日本人は民主主義か独裁体制かの二極しか価値判断の基準がなく、民主主義を過信する裏側で『独裁』は悪の一色で塗りつぶす傾向が強い。（中略）ヨーロッパでは民主主義に対するぬぐいがたい不信感がある」

ゼレンスキー大統領がアゾフ連隊が壊滅したとき、一片の

ジョン・ミアシャイマー

同情も見せなかったのはウクライナ軍がばらばらでアゾフ連隊はゼレンスキーのいうことを聞かなかったからだ。ゼレンスキーに最後まで戦えと嗾《けしか》けているのは、極左の大財閥ユダヤ人、ジョージ・ソロスとネオコンのヌーランドであり、ミンスク合意を守らなかったのはウクライナ側だが、それを指摘したジョン・ミアシャイマー教授（地政学の泰斗）をゼレンスキー大統領は「制裁する」とした。米国内でもミアシャイマーを「ロシアの代理人」とまで酷評する左翼メディアがある。

認知戦による米国民の惨状

もっとも、アメリカ国民も他人のことは言えない。

米国国内世論は二〇二三年三月現在でも六割ほどがウクライナ支援を支持しているが、不満だらけであり、治安、不法移民、大学ローンなどのほうに関心が高い。平均的なアメリカ人の距離感からいえばウクライナは遠い場所なのだ。

ポーランドの外交は反露であり、反ウクライナだが、こんどはウクライナ支援の「援蔣ルート」になっているのも皮肉である。西側武器支援では兵站ルート拠点となった。バイデンらの秘密のキエフ訪問もポーランドの空港から汽車での移動だった。そこまでしても選挙対策としての効果はもはや限定的である。ましてや気の抜けたサイダーのように岸田文雄首相が遅れてキエフ入りしたが、カネをむしり取られただけだった。

アメリカ国民の関心は雇用、物価、大学ローン免除、LGBTQ、銃規制、中絶反対、治安対策、そして不法移民の排除である。

ところが不法移民の取り締まりをバイデンが緩めたため犯罪者がどっとアメリカに流入した。治安悪化などなんのその、犯罪者の人権ばかりをとやかく言う左翼活動家が、むしろ社会を混乱の極みに追いやった。

トランプはメキシコ国境の壁を高くして取り締まりを強化した。バイデンは「人道的配慮」とかで、捕まえるがすぐに釈放《キャッチ・アンド・リリース》というスタイルに切り替えた。このため不法移民どころか「違法薬物の流入、カルテルギャングの勢力拡大、人身売買の横行、治安の悪化、中南米諸国衰退、国家安全保障リスク」など深甚な問題となった。不法移民の流入は一〇〇〇万人を超えた。

中絶反対で女性の権利は侵害されるという妄想的キャンペーンがトランプ陣営の中間選挙における躍進を阻んだ。若い女性が投票所へ行ったからだ。しかし最高裁判事は「合衆国憲法に中絶に関する記述はない」として高裁へ差し戻し、「各州で対応すべきだ」とした。ろくすっぽ判決文も読まず、憲法も読んでいないモブ（群衆）は「中絶の権利を奪われた」と誤解して最高裁判事の自宅周辺で違法な抗議活動、脅迫、威嚇《いかく》を行った。それを民主党が支持していた。自らをリベラルとは名乗らず「進歩派」と規定する彼らは社会破壊の走狗《そうく》であることを自覚できないのである。

アメリカでは地方検察官は選挙で選ばれる。州の司法長官もそうだ。この地方検察官が左派となるとたちまち治安は悪化する。「司法制度改革の名の下に犯罪者に優しい対応をしています」（やまたつ『左翼リベラルに破壊され続けるアメリカの現実』、徳間書店）。

ジョージ・ソロス

これがソフトオンクライムで、驚くべし「犯罪者優先」「被害者は二の次」という転倒がおきた。日本と似ている。首相暗殺犯を釈放しろと義援金を贈る怪しい人々がごまんといる。全米では、こうした左派検察官が増え、いまでは七五名。この運動にかかる四〇億円もの巨額資金の胴元がジョージ・ソロス（「アメリカを内部から破壊している裏ボス」という隠語がある）だ。

そのアメリカ人が法の下の平等とか公正、正義を訴えるのは片腹痛いといえよう。

赤いバイデン政権

しかし、より酷いのは「赤いバイデン政権」だろう。

下院を共和党が制したので、ジョー・バイデン外交はまもなく頓挫する。それればかりか息子ハンター・バイデンの数々の犯罪的行為、不当な収入源。バイデン一族が如何に汚職好きの権力亡者であるかも暴かれることになる。

フランクリン・ルーズベルトをフーバーは狂人と評したところマッカーサーも同意したという逸話があるが、ルーズベルトが多くの和平交渉に聞く耳を持たず、何がなんでも日本を挑発し戦争に引きずり込んだように、バイデンはロシアを挑発し、プーチンを戦争に引きずり込んだ。共和党が反対しているのは異常ともいえるウクライナ援助とカネの行方である。

バイデン一族の汚職腐敗はウクライナと中国から、ロビィ活動や顧問料を名目に大金をむしり取った。「独立後のウクライナは策謀に満ち腐敗も烈しく経済は低迷した。政治は親EU派と親ロシア派が対立した」という状況に当時の副大統

ジョー・バイデン

領だったバイデンが食い込んだのだ。

二〇一五年一二月七日、中国の大手エネルギー産業の「中国華信能源」会長だった葉簡明はハンター・バイデンとワシントンで会った。


「バイデンは二〇一六年の大統領選挙に出馬せず引退を考えていた。このころは引退後の金のなる木を探していたらしい。（中略）葉は、ハンターに報酬年間一〇〇〇万ドル、期間は最低三年という条件を提示し、ジョー・バイデンの政治力（外交への影響力）を確保しようとしていた。（ハンターの）ラップトップ・コンピューターには、それが紹介料であることを示すメールがあった」（渡辺惣樹『ネオコンの残党との最終戦争』、ビジネス社）

そして葉は三・一六カラットのダイヤモンド（評価額八万ドル）を贈った。葉は当時、習近平に近く、習の目玉プロジェクト「一帯一路」の尖兵の役目を果たしていた。

二〇一七年にロシア国営石油大手ロスネフチの株一四％を購入し、華信能源はロシア政府、英石油大手BPに次ぐロスネフチの第三位株主でもあった。中国最大級の石油企業で「フォーチュン」の「グローバルトップ500社」にもランキング入りし、葉簡明は「中国のロックフェラー」と呼ばれたものだった。この華信能源は退役軍人や香港の元高官を幹部として雇い、「私たちは民間企業ですが、政府の政策に忠実に従い、国家の戦略的利益に貢献する必要がある」と自ら謳っていた。

二〇一八年二月一八日、葉は中国当局により横領で逮捕起訴された。二〇二〇年四月に同社は倒産した。

ハンター・バイデンの恥さらしの証拠は固まり、全容が揃っているが、これまでは民主党が徹底して抑え込み、ＦＢＩとＣＩＡが協力して無視し、さらには共和党内に巣くう「ＲＩＮＯ(Republican In Name Only＝名ばかりの共和党議員)」たちがネオコン一味と共闘したため表沙汰にならなかった。ネットで、ユーチューブで、ファイスブックで告発すると「不適切」「ヘイト」と言いがかりをつけられ消された(日本も同じで、コロナワクチンへの疑問などを述べるとツイッターなどから消される)。西側に言論の自由がなくなった。米民主党とその同調者らが巧妙に真実の言論を封じ込めているからだ。

ハンター・バイデン ©AP/アフロ

ＢＬＭは寄付が山と集まり幹部は寄付金を流用しておよそ八億円の豪邸を購入していた。このスキャンダルはさすがに左翼メディアも伝えた。労働組合と教員組合の利権争いも凄まじい。

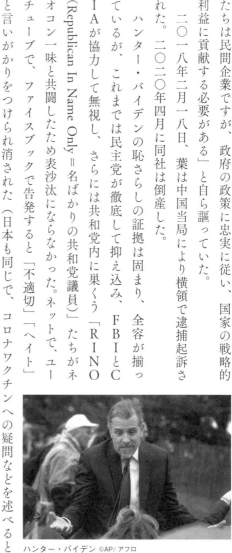

「マルクス主義」でいうところの搾取する側は民主党なのだ。

　バイデン大統領は弾劾《だんがい》を回避し、批判の嵐を避けるためにロシアゲートだの何だのと次々と事件をでっち上げて「トランプ＝悪」の印象をメディアの偏向報道を通じて植え付けた。二〇二三年三月三〇日にはＮＹ大陪審がトランプ前大統領を起訴した。左翼特有のすり替えである。

　バイデン民主党は「赤い全体主義」政党でしかなく、有権者はもはや飽き飽きしていることは野球場やフットボールのスタジアムで、「ファック・ジョーバイデン」という罵声、怒号が飛ぶようになっていることからもわかる。

　しかしその事実も、アメリカの左翼メディアの複写機でしかない日本のメディアは報じないし、その能力も持っていない。

　認知戦という点では、日本とアメリカ、台湾はすでに負けているのではないか。中国人民解放軍の機関紙である「解放軍報」は「将来の戦争は『非軍事』と『軍事』が七対三の割合」だという。これは傾聴に値する。なお悪いのは、認知戦は中露のような非民主国家のほうが有利であるという事実だ。洗脳工作は外国だけでなく、自国民にも及ぶが、情報管理を達成する監視社会は民主国家には受け入れが困難だからである。

しかも中露の強みは、認知戦を行うのは国家機関に限らず、民間企業にも及ぶ。これもまた不都合な事実に違いない。

第七章

悪人と矛盾だらけの国際情勢

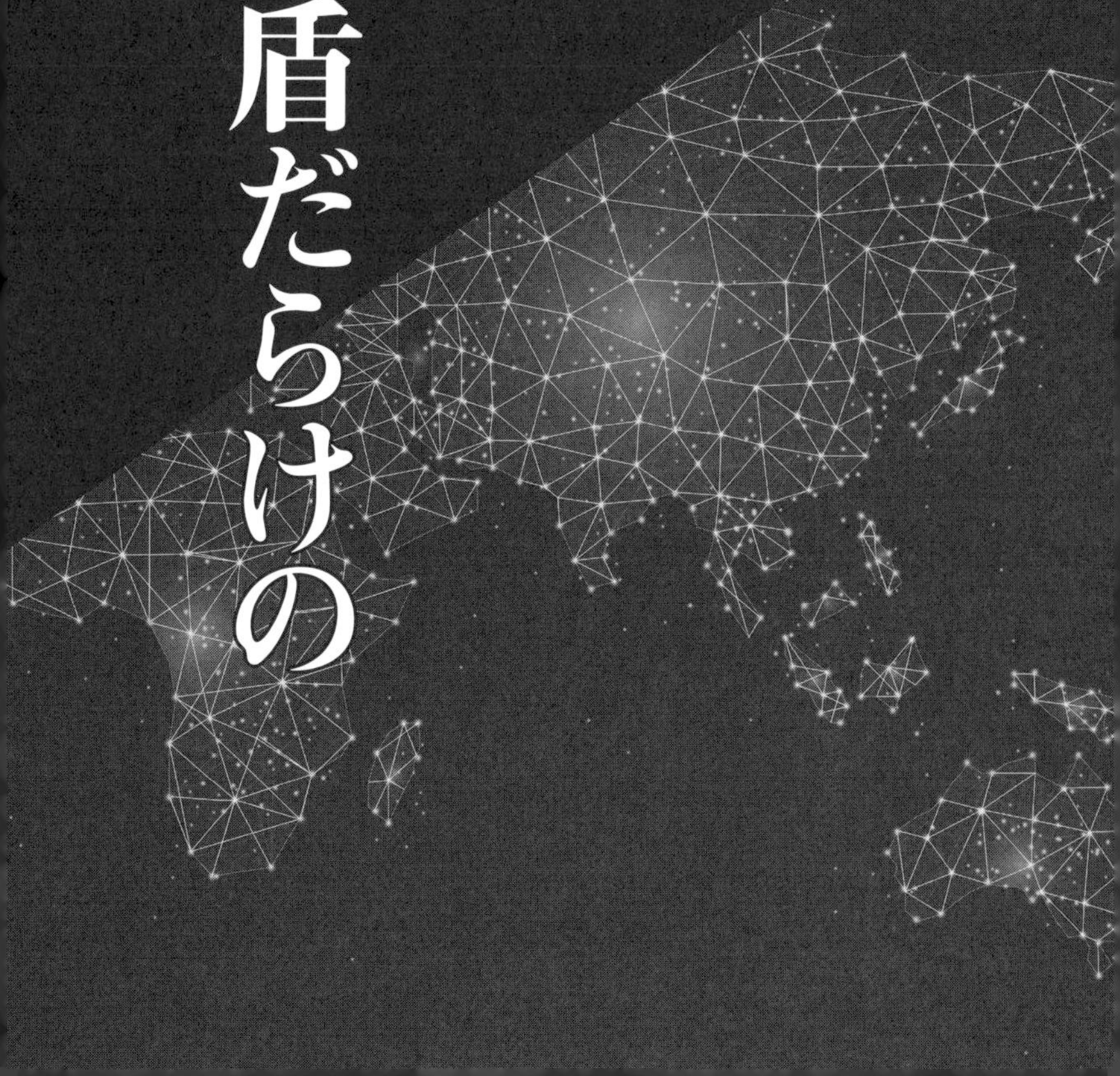

ウクライナ戦争で漁夫の利（漁翁之利）は中国へ

二〇二三年二月二〇日早朝、バイデン大統領は突如、キエフへ現れてゼレンスキーと抱き合った。そのうえで追加五億ドルの武器支援を約束。二月二七日にはイエレン財務長官がキエフを訪問し、さらに追加で一二億五〇〇〇万ドル援助を約束した。一カ月後に日本の首相もキエフを訪問し五億ドルを追加した。

異常というほかない。

米国はすでに虎の子のジャベリン（対戦車携行ミサイル）、ハイマースや155ミリ榴弾砲を供与した。加えてエイブラハム戦車の供与を決め、人道援助を含めて合計五二〇億ドル。共和党の四〇％は、はっきりとウクライナ援助は「やり過ぎ」と不満を述べ、「ウクライナにかまけるな。中国という本物の敵との対決がもっと重要だ」と唱える議員が増えたことはすでに述べた。

対戦車ミサイル「ジャベリン」は緒線でロシア戦車群を大破させ、華々しかったが、ほぼ使い切った。残余はウクライナ・マフィアが

ジャベリン

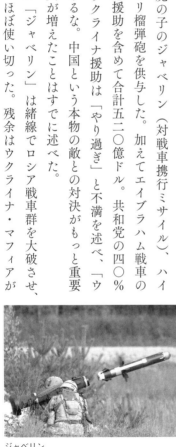

横流しした可能性もある。しかも、ロシアに！

ジャベリンの補給、つまりアメリカの在庫は最低の水準となっており、元の数に補填可能となるのは数年先である。大口径砲弾は一〇年かかるという計算もある。

ゼレンスキー大統領はF16ジェット戦闘機の供与をねだった。しかしパイロット養成に一年以上はかかるのだ。ようするに欧米の志願兵で空中戦を戦ってもらいたいと言っているのである。

中国はロシアが疲れ切るのを待ってロシアを属国化する腹づもりだ。また習近平は米国の疲れも待っている。バイデン政権の暴走で米軍の武器弾薬が底をついたら、中国にとって台湾侵攻の最大のチャンスとなる。

バイデンのキエフ訪問は劇的な政治演出を狙ったパフォーマンス作戦だった。

ところが、米国議会ばかりか、バイデン政権の内部に亀裂が生じた。片やウクライナ支援強化の左派、そろそろ幕引きを探る国務省主流派との目に見えない対立がおこっている。

日本でもネットでは次のような懐疑論が溢れた。

曰く。「日本はウクライナ戦争とはほとんど無縁であり、ゼレンスキー大統領支援よりトルコ・シリア被災地支援に重点を割《さ》くべきだと思います。人道支援でウクライナに数千億円！　そのカネで日本は核保有できます。何が日本の国益に一番なのか、永田町の住民には考える力がないのです」。

西側は六四五〇億円の復興基金設立で合意した。日本にはたぶんその一〇％の六四五億円のツケが別途まわってくる。

これとは別に岸田首相は二〇二三年二月二〇日、ウクライナに対し、生活支援やインフラ復旧のために五五億ドル（約七三〇〇億円）の財政支援を行うと表明した。日本は目の前に台湾有事があり、防衛力を高めるのが先決である。ところが国会は反撃能力は憲法違反とか、およそ軍事リテラシーとは無縁の長屋談義に終始している。

「台湾有事の陣立てはウクライナ戦争とは大きく異なる。西側の主力であるNATOは遠方で、日本と台湾だけが前線国家となる」（兼原信克「産経新聞」、二〇二三年二月二一日）

「中国は台湾にソフトに対応する一方で、地下金脈を通じて二〇二四年総統選で民進党を敗北させるのが当面の目標である」と郭育仁（台湾国策研究院執行長）は「日本経済新聞」のインタビューに答えた（二〇二三年二月一五日）。

同年二月上旬に台湾本島と離島の馬祖島を結ぶ海底ケーブル二本が切断された。台湾当局は、中国船が損傷させたとみている。この海底ケーブルは最近五年間に二〇件を超える切断「事故」がおきている。これは台湾侵攻への前哨戦である。

台湾侵攻がおこれば日本が巻き込まれることは明らかで、中国軍が尖閣諸島を攻めるのは確実である。中国が尖閣諸島を勝手に「釣魚島」として地図に書いていることは以前からだが、「中国領」と地図明記を義務化した（二〇二三年二月一四日に中国の自然資源省が義務を原則とした）。侵略の野望を公然化したようなものである。

すでに「漁船」の領海侵犯は既成事実化し、昨今は中国海警の船舶が領海侵犯を繰り返し、海底の測量などを実行してきた。

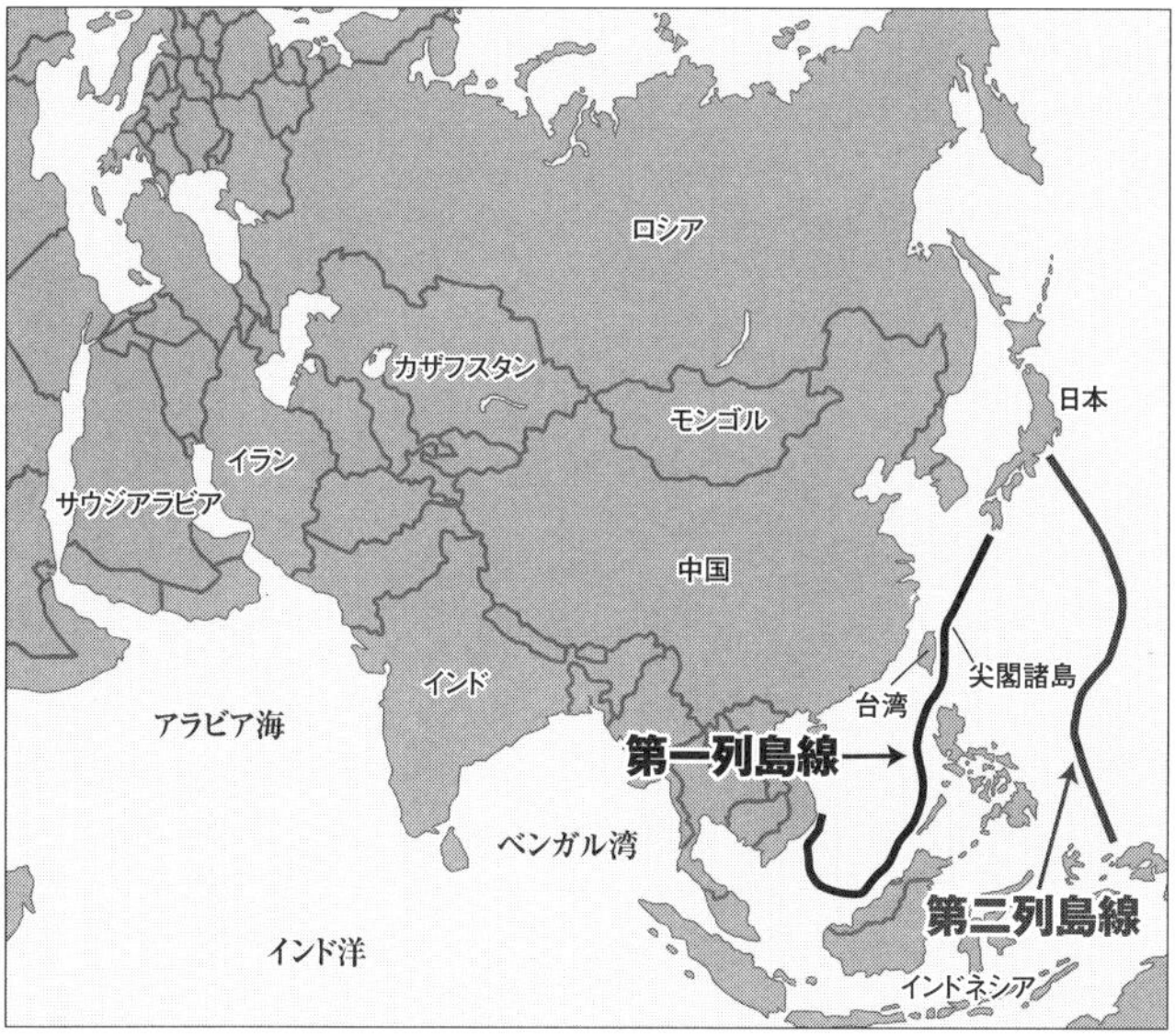

中国の安全保障分野の概念、第一列島線と第二列島線

中国はドローンを日本領空付近に飛ばして性能実験を繰り返している。防衛省によると、空自のスクランブル発信の可否は中国ドローンの飛行ルートを分析し、領空侵犯の恐れがある場合に実施されている。中国無人機は「近年、毎日のように確認されている」（防衛省幹部）。実際の領空侵犯は一回。尖閣諸島上空に二〇一七年五月、小型無人機が侵入した。

とくに中国のドローンに注目しているのは台湾である。

国防安全保障研究所（日本の防衛研究所に相当）の報告書によれば過去数年間に台湾上空に出現したドローンはＣＨ４混合攻撃および偵察ドローンが含まれ、哈爾浜《ハルビン》のＢＺＫ００５高高度長距離ドローン。ＴＢ００１中高度、長時間耐久性ドローン。ＫＶＤ００１戦術ドローン。ＢＺＫ００７偵察ドローン（二〇二二年九月に台湾南東部海域に初登場）。

これら無人機には長時間偵察が可能な衛星アンテナが装備されている。中国は台湾空域へ飛翔させ、長距離飛行能力、衛星測位、誘導、制御、自動ルート計画を試験している。また「これらは情報収集や通信中継から精密攻撃の実施、敵の防空網を破壊する囮《おとり》の機能までを併せ持つ」と同研究所報告書は述べている。

BZK-005 高高度長距離ドローン

日本の抗議に中国は耳を貸さず開き直り続けている。日本は海上保安庁の船が警告を繰り返すのみ、中国は完全に日本をなめきっている。

米国は戦略を間違えてしまったのか

戦略研究家として知られるエドワード・ルトワックは地政学の泰斗ミアシャイマー博士より日本では有名だろう。

ルトワックはしばしば来日し、中国の軍事情報などを披瀝《ひれき》する。彼は「中国には戦略がない」と断言してはばからない。

ならばバイデンのアメリカにはあるのか。就任後のバイデン外交なるものはアフガニスタンからの無様な撤退から開始され、中国をハイテク封鎖すると標榜しつつ対中貿易赤字は増え続けた。とても「大戦略」の下に行動しているとは思えず、外交はキエフ電撃訪問などポピュリズムに基づくパフォーマンス過剰だった。

エドワード・ルトワック

「大戦略」とは中国を封じ込め、台湾侵略を抑止するためにロシアと北朝鮮を活用することだったのである。それを展開していたのがトランプ外交だった。トランプ前大統領は、二〇二三年二月二一日のビデオメッセージで、「第三次世界大戦がかつてないほど近づいている」と警告し、「すべての戦争屋とグローバリスト、そして陰の政府、国防総省、国務省、国家安全保障産業複合体を一掃する必要がある」と続けた。

「これらの人々は長い間対立を求めてきました。現在、私たちは第三次世界大戦の瀬戸際でぐらついていますが、多くの人はそれを見ていません」

一九八四年に、私はリチャード・ニクソン元大統領が書いた『リアル・ピース』の日本語版を翻訳した関係で、NYの連邦プラザビルにあったニクソン・オフィスを訪ね、独占インタビューをした。

ニクソンは戦略家だった。当時のアメリカの脅威はソ連

ニクソンに独占インタビューする
（著者・右、1984年4月）

で、そのソ連の崩壊は一九九一年、レーガンを次いだブッシュ・シニア時代の出来事だった。ソ連封じ込めの梃子として「中国を活用」したのがニクソンの「大戦略」であった。インタビューは三〇分の約束が一時間となって、帰り際に私がニクソンに「日本の役割は何か?」と尋ねると、「経済力を活用せよ、いまの日本は巨大なインポテンツだ」と言った。

日本は手術したわけでもないのに、自ら去勢してしまった。ガッツ、武士道を喪失し、文明が衰退へ向かう「少子化」という深刻な問題をかかえているが、日本の政官界からは小手先の政策しかでてこない。欧米から中国、韓国、香港、台湾にまでこの少子化の波は拡がり、韓国たるや出生率は〇・七八となった。

昔、ギリシアもローマも強く逞《たくま》しい男たちがゲームに勝ち抜き、戦争をやってのけ、その強き男たちに憧れて女たちが子供をたくさん産んだ。それが文明を発達させた。社会を強靭なものにした。近代工業化となって、欧州はそうした価値観をすっかり忘れ、ロシア人も逞しさを競わなくなり、米国も少子化に傾斜し、工業先進国はなべて少子化社会となった。

ローマは少子化の現実への対抗を怠たり、繁栄に酔い享楽を貪《むさぼ》り、防衛は外国人傭兵に依存した。傭兵はカネの切れ目が縁の切れ目。ローマは滅びた。一方、人口が激増している「元気」な国はインド、ベトナム、インドネシア、バングラデシュ、パキスタンなどである。米国でも白人は減る傾向にあるが、ヒスパニックとアジア系人口は増えている。

少子化社会では生命がなにより大事。教育にカネをかけ、正面の戦争はしない。そのことはウクライナ戦争を見ればわかるだろう。欧米はウクライナに夥しい武器を供与し、兵站を支援し、自らは前線からは遠い安全地帯にあって、ロシアと代理戦争をやらせているではないか。

そのロシアも少子化に悩み、厭戦気分が横溢《おういつ》し、戦う野蛮を際立たせているのはチェチェン部隊とワグネル軍団、囚人部隊などである。

中国は嗤《わら》っている。

欧米が武器を使い果たし、ロシアが資源枯渇に陥れば熟した柿が落ちるように濡れ手に粟の状態となる。ロシアを属国化し、台湾に侵攻し、軍事力でアメリカを超える日が近づいたと誤った認識に浸り始めた。

ニクソンは米中国交回復の立役者だが、経済発展に伴っての中国の軍事力拡充を、たいそう懸念して、「我々はフランケンシュタインをつくってしまったのか」と晩年しきりに発言していた。

さて私が最初にルトワックに会ったのは一九九九年、米国がセルビアを空爆して、在ユーゴスラビア中国大使館を「誤爆」した直後だった。当時、日本の防衛畑を代表する参議院議員は永野茂門（元陸幕長）で、彼が主催し都内の料亭でルトワックを囲んで数人の会合があった。ルトワックはペンタゴンに爆撃目標などを進言していると言った。

ユーゴスラビアは分裂し、七つの国に分かれたが、数年後に私がベオグラードを再訪したとき、当時のユーゴ国防省ビルが、空爆で破壊されたまま意図的に記念物として、原爆ドームのように残骸をさらしたままだった。

次にルトワックと会ったのは外務省の小部屋で、松川るい（現参議院議員）の斡旋だった。参加者は一〇人ほどで、そのなかに安倍元首相のスピーチライターとなる谷口智彦（現慶應大学大学院教授）がいた。ここでもルトワックは「大戦略」を多いに披瀝したものだった。彼には『戦略論』という著作もある。

三年ほど前にもルトワックと懇談する機会があった。場所は加瀬英明邸でやはり少人数の会だったが、このときルトワックが日本語も少しできることを発見した。氏の英語はブカレスト訛《なま》り、ルーマニア系ユダヤ人である。

ルトワックは「中国は戦略が下手」だとし、次のように述べる。

「北京は外国のことが全く理解できておらず、気球を飛ばせばアメリカが怯えると考えていたのだ。（中略）北京が外国に対していかに無頓着かがわかるだろう。だからこそ、彼らはたとえ経済で成功したとしても、戦略で必ず失敗する」（『Ｈａｎａｄａ』二〇二三年四月号、奥山真司訳）

露呈した米英vs.ＥＵ

日本人が思っているほど、ＮＡＴＯも期待できない。

ＥＵ首脳等は「ゼレンスキー大統領に、ウクライナはロシアとの戦争に勝つことはできずＮＡＴＯとの緊密な関係と引き換えに和平交渉を開始すべき」と心のなかでは思っている。

クリミア半島を取り戻せるとは、もはや誰も信じていない。エマニュエル・マクロン仏大統領はミュンヘン安全保障会議で、モスクワでの政権転覆の話をすべて却下した。

つまり米国でウクライナ戦争を主導するヌーランド次官の主張をＮＡＴＯが否定したことと同義である。ヌーランドはクリミア奪回とプーチン政権の転覆が目標と公言し続けていた。

「ウォール・ストリート・ジャーナル」は「マクロン大統領とドイツのショルツ首相がエリゼ宮における夕食会で、ゼレンスキーに、モスクワとの和平交渉を検討しなければならないと伝えた」と報じた。

マクロン大統領がゼレンスキー氏に対し、「偉大な戦争の指導者だったが、最終的には政治的政治に移行し、難しい決断を下さなければならない」と語ったという。

ペトル・パベル・チェコ大統領は元NATO軍事委員長を勤めた、元陸軍参謀長である。チェコは「いの一番」にキエフに戦車を送った国である。

そのパベル将軍は次の発言をした。

「EU、NATO加盟国としてのチェコの積極的な関与、とくに対ロシア制裁の強化、武器供与を含む積極的なウクライナ支援、同国のEU加盟支援をチェコは義務として受け入れるべきだが、戦争が長引けば、社会が耐えられる以上の命が失われるという状況に陥る。ウクライナ人が『別の結果』について考え始める時がくるかもしれません」

エマニュエル・マクロン

この発言が象徴するようにEUが英米の暴走にブレーキをかけるという構造であり、西ヨーロッパの空気は変わってきている。

中央アジアで暗闘する米中露

二〇二三年二月二七日、ブリンケン米国務長官はカザフスタンの首都アスタナへ飛んだ。反プーチン路線を歩むカシムジョマルト・トカエフ大統領と会談し、アスタナに集まった中央アジア五カ国の外務大臣と会談した。この合同会合を「C5＋1」と名付けた。アフガニスタン戦争ではキルギスが米海兵隊駐留を認め、またウズベキスタン、カザフスタンも米軍の兵站ルートにあって米軍に協力的だった。タジキスタンはソ連時代のアフガン侵略でソ連軍の前衛基地だった関係から、米軍と距離を置いた。トルクメニスタンは「中立」を謳い、鎖国を続けた。そのトルクメニスタンからも外相が出席した。

これら中央アジアの旧ソ連イスラム圏にカネをばらまいて、鉄道やら発電所などの巨大プロジェクトを運んだのは中国だった。中央アジア五カ国はイスラムで共通するが、タジクを除いて人種的にはチュルク系（タジク語はペルシア系、民族もソグドがかなり残留）。

「ソ連の庭」だった。いつしか、この中庭に中国が這入り込

カシムジョマルト・トカエフ

み、ロシアがウクライナへ侵攻すると、モスクワへ背を向け始めた。ロシアの若者の亡命を最大に受け入れているのもカザフスタンである。

ブリンケンはこの隙間を狙って、国務長官就任後初の中央アジア訪問となった。ロシアの裏庭への梃子入れにみえて、実は中国の進出抑制が米国の目的に思われる。

同年二月二六日、ＣＩＡのバーンズ長官はＣＢＳテレビのインタビューに答えた。

「ロシアに、中国が殺傷兵器の供与を検討していることを確信している。ただし最終判断は下されておらず、兵器の運搬も確認されていない」

これは事前警告というキツツキ戦法だろう。キツツキはかんかんと音を立てて木々に穴を開けながら相手を驚かせ、虫が飛び出すとさっと口にくわえる。川中島で対峙した上杉軍を攪乱すべく軍師の山本勘助が提案し、実行された。

同日、サリバン米大統領補佐官（国家安全保障問題担当）はＡＢＣテレビで「ロシアへの中国の武器提供疑惑に関し、もし実行されれば『大きな過ち』になると中国に警告している」と述べた。

ここに忽然と現れたのが、ベラルーシ大統領のアレクサンドル・ルカシェンコだ。ロシアにとって救援の女神かも知れないベラルーシを、三〇年近く統治する独裁者のルカシェンコは二月二八日から北京を訪問し、習近平と「ナニゴトカ」を話し合った。ベラルーシは中国主導の「一帯一路」参加国で二〇二二年九月には中国との「全天候型」の戦略的パートナーを謳うほど親密な関係である。

ベラルーシはKGBを創設したフェリックス・ジェルジンスキーの出身地だ。ロシア革命の後、レーニンの命令でジェルジンスキーが「反革命・テロ・サボタージ取締・全ロシア非常委員会」(「チェーカー」)を創立した。これがKGBの前身組織で、モスクワのルビヤンカ広場のKGB本部正面にはジェルジンスキーの銅像が立っていた。いま、この人物の銅像はミンスク中央部の公園に目立たないように置かれている。

ミンスクの町を歩いても誰かに監視されているような奇妙な圧迫感がある。広い敷地にある戦争記念館の展示は圧巻で、入口には「ノモンハンが最大の苦戦だった」と言い残したゲ

アレクサンドル・ルカシェンコ

フェリックス・ジェルジンスキー

オルギー・ジューコフ将軍のトルソ像がある。ちかくの慰霊碑は花輪が絶えない。アフガニスタンで犠牲になったベラルーシ兵は一万四〇〇〇人と最大だった。この記憶が強いベラルーシ人はロシアの戦争に直接参戦することは避けたい。

ミンスクから北へ三時間ほどのヴィテプスク（ヴィーツェプスク州の州都で、人口三六万人）へ行ったことがある。激戦地の名残で公園には無数の戦車が放置されたまま。かつてこの町の人口は半分がユダヤ人だった。街の外れに廃墟となったシナゴーグがあった。

参戦は避けたいが、間接的に戦争協力をしているのがルカシェンコの鵺的《ぬえてき》なところで、ミンスク郊外のマチュリシチ空軍基地では複数回の爆発があった。この基地が「ロシア軍の拠点」である。極超音速ミサイル「キンジャル」を搭載したロシア軍機が離着陸している。

注目すべきはルカシェンコ大統領が北京へ発つ直前の二月二四日夜にロシアのプーチン大統領と長電話をしていることだ。プーチン

ゲオルギー・ジューコフ

「キンジャル」搭載したMiG-31K戦闘機

にとってルカシェンコは、侵攻支持の同盟者であるばかりか「戦争協力」の同盟国。二月一七日にもプーチンはルカシェンコをモスクワに招き、長時間の懇談をした。何が話し合われたか。ベラルーシの参戦？　第三国からの武器供与の闇ルートの提供？

ともかく中国のロシアへの武器供与はベラルーシが抜け道とするのではないか。無人攻撃機をロシアは手に入れたいからである。

「一つの中国」を支持している国は意外に少ない

プーチン露大統領に安倍首相が二七回会っても北方領土は返還されなかった。盗まれた領土は軍事力で奪回するのが古今東西、歴史の鉄則。尖閣を盗まれる前に軍隊を駐屯させて守る必要がある。さもなければ尖閣諸島は「第二の竹島」になる。

一九五一年九月八日、日本は連合国と四八カ国とサンフランシスコ平和条約を締結し、正式に戦争状態は終結した。この条約の第2条b項では「日本国は、台湾及び澎湖諸島に対するすべての権利、権限、権原及び請求権を放棄する」とした。しかし台湾の主権がどこに帰属するのかは明確にされず、同条や第21条のいわゆる「朝鮮条項」のように、台湾が独立国家として認められることもなかった。

当時、蔣介石は「大陸反抗」を真剣に唱えていた。

サンフランシスコ平和条約第26条では、日本は「この条約の署名国でないものと、この条約に定めるところと同一の又は実質的に同一の条件で二国間の平和条約を締結する用意を有すべきものとする」とされた。

したがって日本は講和条約締結後も「中華民国政府（台湾）と中華人民共和国政府のどちらと平和条約を締結するか」という問題に直面することとなった。

どちらを選択するかについて、米英は日本の決定に委ねることで同意していた。

日本の国会でサンフランシスコ平和条約の審議を行った際に中華人民共和国と平和条約を締結すべきという意見もでていた。このとき、中華民国政府は外交部長の葉公超《ようこうちょう》を派遣し日本と交渉する傍ら、米国を介して日本に圧力をかけた。

一九五二年四月二八日、日本と中華民国は日華平和条約を締結した。この第2条では、日本がサンフランシスコ平和条約に基づき台湾、澎湖諸島、新南群島および西沙群島の一切の権利や請求権を放棄することが改めて承認された。また第4条で「千九百四十一年十二月九日前に

蔣介石

日本国と中国との間で締結されたすべての条約、協約及び協定は、戦争の結果として無効となったことが承認される」とされた。

しかし日華平和条約でも台湾の主権がどこに移ったのかが明らかにされなかった。この条約はすでに失効した。これらサンフランシスコ平和条約および日華平和条約における台湾の地位に関する条文に「台湾地位未定論」は立脚する。

さて現況のリアルを分析しよう。

中国政府が獅子吼する「台湾は中国の不可分の領土」などという主張を支持する国は一八〇カ国ではなく五一カ国のみ、とシンガポールの研究者が論証した。シンガポール国立大学助教授である莊嘉穎は、米国のシンクタンク「カーネギー国際平和基金」の研究者でもあり、中国が引用した各国の公式文書を検討した結果、二〇二三年一月現在で「中華人民共和国を中国の唯一の合法政府として認識し、台湾が中国の不可分の一部であることに同意している国は五一カ国しかない」ことがわかった。

他の国々は、台湾に対する中国の主権主張に関する公式文書で異なる表現を使用しているとした。なかでも二七カ国は中華人民共和国を中国の唯一の合法政府として認めておらず、台湾の主権について言及していない。一六カ国が北京政府の主張を「認めている」。

また主張を「認める」と答えた国は九カ国、「理解し尊重した」と答えた国は四カ国。オランダと韓国は北京の主張を「尊重する」とだけ述べている。ロシアは台湾の主権に関する中国の立場を「支持し、尊重している」と述べている。

米国の「一つの中国」政策は、台湾の主権に対する中国の立場を「認めている」ものの、台湾の主権について立場を表明しないことがこれまでの政策であった。

国防総省のジョン・カービー報道官が二〇二一年一〇月一二日の記者会見で、米国は長い間「一つの中国」政策を順守してきたと述べたうえで「米国は台湾の主権についていかなる立場もとらない」と従来の立場の踏襲を明らかにした。

ジョン・カービー

訪台ラッシュは中国の誤算か

その台湾へ欧米から要人の訪問ラッシュが続いている。

米国下院議長訪台は大きく報じられたが、欧州主要国は陸続と大型の台湾訪問団を組織し台北へ入っている。

二〇二三年三月二一日、ドイツ連邦教育研究省（BMBF）のベッティーナ・シュタルク・ヴァッツィンガー大臣が台湾を訪問した。ドイツの閣僚訪台は一九九七年以来二六年ぶりとなった。

なかでも注目は一六〇名の大型訪問団がチェコからやって来た。三月二五日、チェコのマルケタ・ペカロワ・アダモワ下院議長率いる大デレゲートだ。

アダモワ議長の台湾訪問は初めてだが、記者会見では、「チェコの台湾訪問団は史上最大規模だ」と紹介し「今回の訪問を通じて半導体分野での協力の深化につなげたい」と期待を表明した。

チェコからは二〇二〇年にもミロシュ・ビストルチル上院議長が訪台。立法院での演説で「私は台湾人」と発言し、台湾への連帯を訴えた。

チェコと台湾はプラハ市と台北市が姉妹都市協定を結び、二〇二一年八月、ミロシュ・ビストルチル上院議長やプラハ市のフジブ市長など代表団九〇人が訪台した。

フランス議員団も台北へ使節団を派遣し、米国の議員団に到っては五月雨《さみだれ》式に数次に及んだ。

リトアニアは台湾と事実上の外交関係を結んで、二〇二一年一一月には首都ヴィリニュスに大使館に等しい「代表事務所」を「駐リトアニア台湾代表処」とした。

リトアニアは中国による新疆ウイグル自治区のウイグル族への圧力をジェノサイドと認定する決議案を可決し、中国中東欧首脳会議（17プラス1）から離脱したので「16プラス1」となった。かくしてリトアニア、チェコ、ドイツなどが台湾との関係強化を図る背景には、ウイグル族への人権弾圧や「一帯一路」経済圏構想への幻滅など中国自身が招いた反中感情が誘因となっている。誤算というか自業自得であろう。

ジレンマも「戦狼外交」しかない

中国の「戦狼外交」を高々と傲慢に獅子吼していた趙立堅・報道官が左遷された。なんとも中華思想まるだしの報道官だったが、ケンカ腰の台詞《せりふ》の品のなさは、じつにブラックユーモア的で面白かった。

「ファイブ・アイズ」に英国が日本を誘ったときも「目が五つあろうが、一〇であろうが、その目をつぶしてやる」と言い放った。まるで落語だ。

強硬発言男の更迭で「戦狼外交」は転換するという予測をする向きもあるが、中国外交のキーパーソンは政治局員に出世した王毅である。あれほど外交実績をあげた楊潔篪《ようけっち》国務委員は引退し、次期外相間違いなしといわれた人物も分野違いの部署に飛ばされ、外相には秦剛（前駐米大使）の抜擢となった。実は北京語しか喋れない習近平にとって上海人の楊潔虎より、北京人の王毅と秦剛のほうが親しみやすいからだ。

プーチン大統領にしても周りを固めるのはパトルシェフとボルトニコフ（FSB長官）で、ともにKGB出身の「サンクトペテルブルク人脈」である。

プーチンは習近平がロシアを初めて訪問した折、「熊も好む、おいしい蜂蜜」に誘った。これは習近平の渾名《あだな》がプーさんだということを知っていて、プーチンが習近平をからかったのだという。ところがプーチンを「兄貴」と認識してきた習近平も、ウクライナ戦争でロシアの立場が急激に弱まったため、逆に兄貴風を吹かせるようになった。

しかしロシア軍の脆弱さ、北朝鮮から武器を供給してもらい、イランからもドローンを買う羽目に陥った無様さをみて、習は台湾侵攻シナリオを考え直しただろう。付け加えると中国は愛琿条約と北京条約でロシア領土となったウラジオストックを「返して貰いましょうか」という段階にまでエスカレートすると私は予測している（拙著『習近平独裁3・0』、徳間書店）。実際、ウラジオは中国の地図ではいまも「海参威」のままだ。

そうはいうもののプーチンのロシアにおける支持率は二〇二三年一月の「レバダ・センター」の世論調査で「ロシア人の七五％がウクライナでのロシア軍の行動を支持する」と答えた。ウクライナ戦争開始直後は八〇％だったからさほど落ちていない。

しかし蛙《かえる》の面《つら》になんとか。批判の矢面《やおもて》にあるのにシラッとして王毅は訪欧の旅に出た。二月下旬に西欧諸国を回りミュンヘン会議で演説し、最後の目的地はモスクワだった。

最初の訪問国フランスでは、カトリーヌ・コロンナ外務・欧州問題大臣と握手を交わした。マクロン大統領府は「食料安全保障に関して世界で最も脆弱な国々に対するロシアのウクライナ侵攻の結果について話し合った」としたが、会議は非公開だった。

王毅は政治局員のポストにあって、いまや中国外交を展開するトップ。定年を超えて予想を覆《くつがえ》した政治局入りは「戦狼外交」で世界中を派手に動き回り、習近平に追従したからだ。

王毅はイタリア、ハンガリーを訪れ、二月一七日に「ミュンヘン安全保障会議」で講演した。王毅はミュンヘンで、ブリンケン米国務長官とも会談したが平行線だった。

この訪欧はいくつかの思惑があった。

第一に欧州との関係修復である。貿易相手国として重要だからだ。

第二にスパイ気球問題で険悪となっている中米関係の説明で、少しでも欧州の対中国感情を和らげたいからだ。

しかし欧州はウクライナ戦争に関してはほぼロシア制裁で一致し、かつウクライナへの支援に温度差があるものの武器供与もしくは人道援助を継続してきた。こんな状況なのに中国はロシア制裁に加わらず、逆に金融システムでルーブルを補助し、貿易では石油とガスの輸入を増やし、ひいてはロシアを支援している。

国連ではロシアのウクライナ侵攻を非難する決議に中国は棄権した。中国の態度は相変わらず挑発的であり、西側諸国との関係をさらに悪化させただけだ。

共産党内の過酷な権力闘争は、皇帝にゴマばかりすっていたら振り落とされるという、共産党エリートの悲しい命運を見せつけた。

エピローグ

見えない侵略から脱却せよ

『安倍晋三 回顧録』に記された李登輝の言葉

台湾のサイレント・マジョリティの本音は「台湾独立」である。そのために日本の支援がほしい。台湾有事は日本有事としてきた安倍晋三の『回顧録』（中央公論新社）が台湾でも大きく紹介された。

安倍晋三元首相は世界の指導者に言及し、「好戦的」な印象のトランプ前大統領は、実際には軍事行動に消極的だったこと、それを北朝鮮に見抜かれるのを恐れたこと。秘話は習近平国家主席にも及び、「もし私がアメリカに生まれていたら、共産党には入らなかっただろう。おそらく民主党か共和党に入っていただろう」と語ったそうな。習近平主席を安倍は「強烈なリアリストだ」と分析した。在任中に二七回も会談したロシアのプーチン大統領は「クールな感じに見えるが意外に気さく」との評価だ。

さて台湾での注目箇所はやはり李登輝（故人）との交流の

李登輝

安倍晋三

深さ、その親密ぶりであった。

台湾のメディアでもすでに内容が詳しく紹介され、日本とは別の角度からの評価が拡がった。「自由時報」（二月八日）によれば、「安倍首相は一九九四年に李登輝前総統と初めて会ったときの衝撃を振り返り、李登輝は間違いなくアジアの偉大な代表者であると語った」と紹介され、安倍元首相は官房長官や総理大臣を務めた後、李登輝と何度も会談した経過も書かれている。

安倍元首相は一九九四年に自民党青年局次長として台湾を訪れ、李登輝と初めて会って衝撃を受けた。李登輝の教養と卓越した演説、そして台湾の二〇〇〇万人の国を守るという見解に深く感銘を受け、李登輝が放つオーラに圧倒された。

一九九六年に青少年局長として再び台湾を訪問。その際にも中国を訪問する予定であったと述べ、李登輝は安倍元首相に、「中国訪問時に台湾の民主化が着実に進んでいることを説明するよう」求めたという秘話も書かれている。

二〇〇七年六月に李登輝が三回目の日本訪問時に兄李登欽の祀られた靖国神社に参拝した。時の総理大臣は安倍晋三だった。

現役時代の李登輝総統を訪ねて（著者・左、1999 年夏）

李登輝は彼に「日本人はいったい何をしているのだ。日本人の精神を失ったのだろうか？国に貢献した英霊は靖国（神社）に祀られている」と述べた。安倍首相は、「反論の余地はなかった」と回想している。

日本はようやく重い腰を上げた

言われるまでもなく自明の理、国家、国民の自由と独立は「与えられるものではなく、自ら勝ち取るもの」である。

この基本の原則を多くの日本人は忘れてLGBTQとかの戯言《ざれごと》を言っている。

二〇二二年一二月に閣議決定された「安保三文書」とは（1）国家安全保障戦略、（2）国家防衛戦略、（3）防衛力整備計画の三つが骨子。一応、文書では「宇宙、サイバー、電磁波」にも言及している。しかし自衛隊のサイバー部隊は少数で、近未来の計画でも四〇〇〇人程度、これで対応できるのか。中国は二〇万人ものサイバー部隊に、五毛幇と呼ばれる第五列を持っていて、日夜、フェイク、攪乱情報を流し続けている。

サイバー戦争は近年になって欧米が重視している。二〇二三年一月三一日、来日したNAT

O事務総長のストルテンベルグと岸田首相が会談したが、とくに「サイバー分野の協力」が謳われ、共同声明にも「サイバー空間、宇宙、ハイテク、バイブリッド脅威への強靭性を高める」などが盛り込まれた。一歩前進である。

日本政府は内閣官房に新組織を立ち上げ、法整備準備のために「能動的サイバー防御」という新概念を使い出した。サイバー安保の一元化を目論む段取りといえる。

NATOは距離的に中国には関心が薄かったが、二〇二二年に発表された「戦略概念」で「中国は体制上の脅威」と明記されるようになった。また岸田首相は日本の宰相として初めてNATO首脳会議にも参加した（二〇二二年六月）。

安保三文書は防衛関係者の間では評判が良いけれども、これは「始まり」でしかない。たしかに「戦後史を画期する」意義があるが、「専守防衛」という頓珍漢な語彙はまだ残ったままである。思いおこしたい。天武天皇の勅は「まつりごとの要は軍事なり」である。

第一に「反撃能力の保持」を謳い、国際標準に近づいたこと。具体的には地対艦ミサイルを射程五〇〇キロから一〇〇〇キロに延ばせる。

第二にGDP1%の枠を外して戦後の呪縛からようやく普通の国になろうとする姿勢を示したこと。

第三は二〇二三年から二〇二七年までの五カ年計画で防衛費を四三兆円とする。五年かけて、ようやくGDP二%という西側の平均水準達成に漕ぎ着ける。具体的には戦争継続のための弾薬備蓄などを増やせるうえ、老朽化施設の改善も可能となる。「たまにうつ弾がないのが玉に瑕《きず》」などと自嘲的な自衛隊内の雰囲気も改善に向かう。

そうはいうものの、日本の防衛はいたるところ欠点だらけ、脆弱である。二〇一八年の防衛大綱では「仮想敵」の明示さえなかった。どこの国の脅威から守るのかが曖昧とされていたのだ。中国は台湾と尖閣諸島を自国領と明記した法律を制定している。敵は明らかでないか。

中国の日本の土地の爆買いについても十年来、その危険性を指摘され、ようやくにして「重要土地利用規制法」が成立した。二〇二三年二月一日に政府は同法適用をはじめ、安全保障上重要地区として五八カ所を「注視地区」と「特別注視区域」に指定した。自衛隊基地周辺ならびに国境近くの離島が対象である。

自民党の報告書は中国の脅威を次のように指摘した。

第一は中国の軍事費の驚くべき増加ぶり。毎年二桁成長で、アジア屈指の軍事大国になってしまった。米国が甘やかした結果である。

第二に核兵器、ミサイルの充実ぶり。わけても超音速ミサイル開発は米国のミラー統幕議長をして「スプートニク・ショック」と言わしめた。

第三にＡＩ化と認知戦争というハイブリッド型の新しい戦争形態への対応が顕著であることだ。相手の認知領域に侵入し、世論操作を中国優位に導く高等な戦術であり、この分野での日本の対応が最も遅れている。

第四に習近平は台湾併呑《へいどん》をあからさまに公言している。

第五に尖閣問題である。一九九二年二月、中国は「領海および隣接区法」を制定し、一九九七年には「国防法」を制定し、さらに二〇一二年に「尖閣を中国領」とする「釣魚島白書」を公表している。

「富国強兵」が「富国弱兵」に陥没したのが戦後日本の実態だった。

ようやく日本は主権国家としての自立、独立への道を自覚し始めたのである。

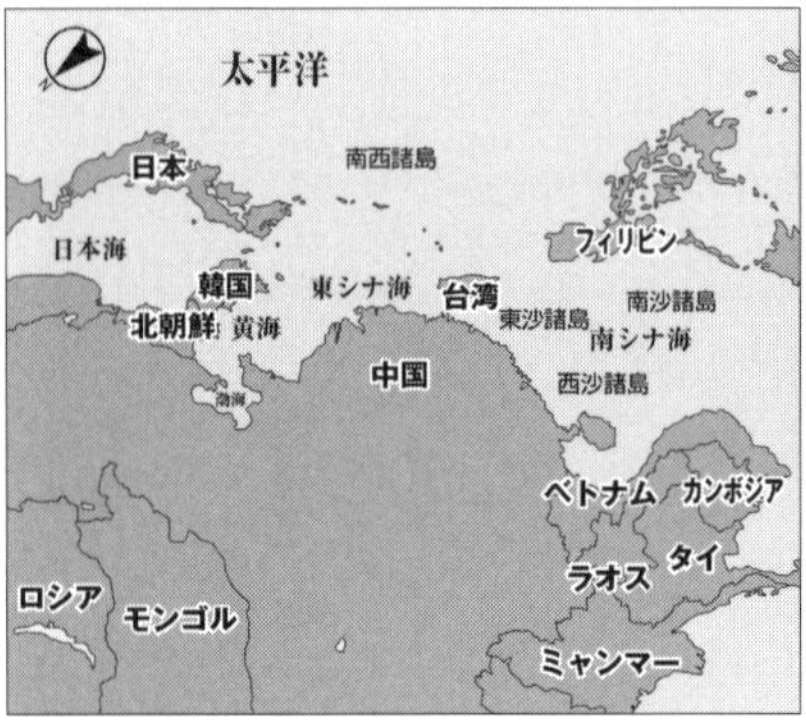

中国から見る太平洋

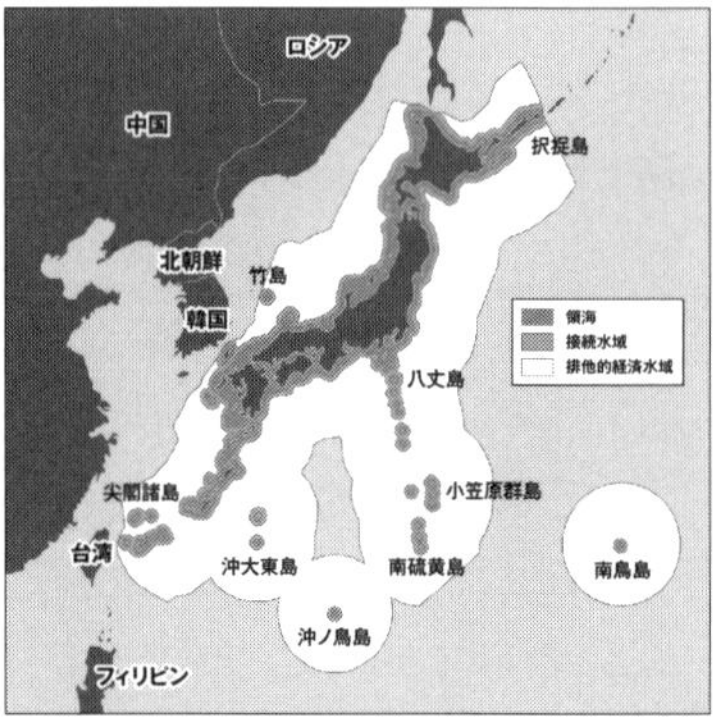

日本の領海の図

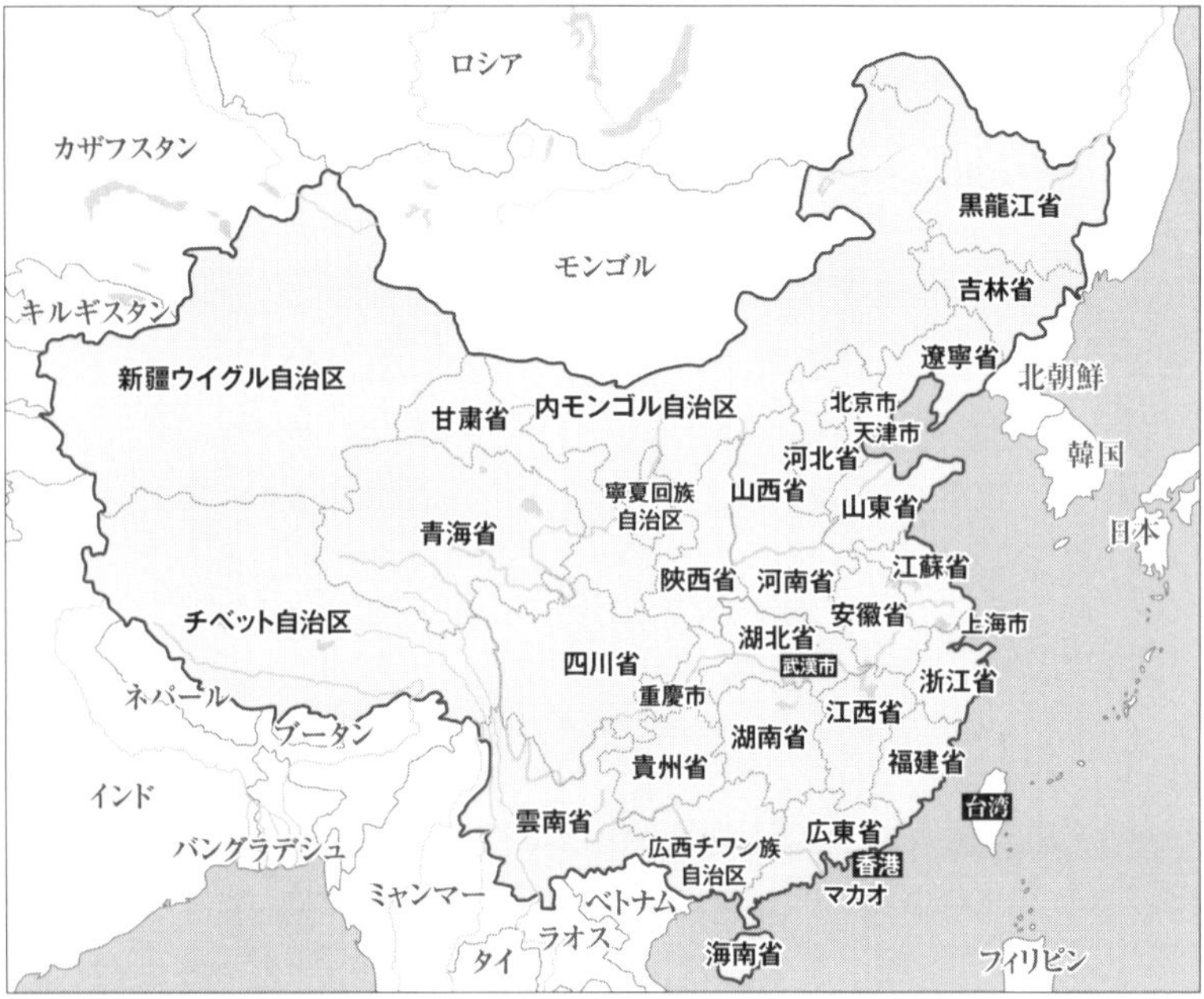

中華人民共和国の行政区分と周辺国

著者　宮崎正弘（みやざき　まさひろ）

評論家。1946年金沢生まれ。早稲田大学中退。「日本学生新聞」編集長、雑誌『浪曼』企画室長を経て、貿易会社を経営。1982年『もうひとつの資源戦争』（講談社）で論壇へ。国際政治、経済などをテーマに独自の取材で情報を解析する評論を展開。中国ウオッチャーとして知られ、全省にわたり取材活動を続けている。中国、台湾に関する著作は5冊が中国語に翻訳されている。代表作に『中国大分裂』（ネスコ）、『出身地でわかる中国人』（PHP新書）など著作は300冊近い。最新作は『誰も書けなかったディープ・ステートのシン・真実』（宝島社）、『習近平独裁3.0　中国地獄が世界を襲う』（徳間書店）。

ステルス・ドラゴンの正体《しょうたい》
――習近平《しゅうきんぺい》、世界制覇《せかいせいは》の野望《やぼう》

2023年6月10日　初版発行

著　者　宮崎正弘

構　成　佐藤春生事務所
校　正　大熊真一（ロスタイム）
編　集　川本悟史（ワニブックス）

発行者　横内正昭
編集人　岩尾雅彦
発行所　株式会社 ワニブックス
〒150-8482
東京都渋谷区恵比寿4-4-9 えびす大黒ビル
ワニブックスHP　http://www.wani.co.jp/

お問い合わせはメールで受け付けております。
HPより「お問い合わせ」へお進みください。
※内容によりましてはお答えできない場合がございます。

印刷所　株式会社光邦
ＤＴＰ　アクアスピリット
製本所　ナショナル製本

定価はカバーに表示してあります。

ISBN 978-4-8470-7312-0